El Tratado de Versalles

Una fascinante guía del tratado de paz que terminó la Primera Guerra Mundial y su impacto en Alemania y el ascenso de Adolf Hitler

© Copyright 2020

Todos los derechos reservados. Ninguna parte de este libro puede ser reproducida de ninguna forma sin el permiso escrito del autor. Los revisores pueden citar breves pasajes en las reseñas.

Descargo de responsabilidad: Ninguna parte de esta publicación puede ser reproducida o transmitida de ninguna forma o por ningún medio, mecánico o electrónico, incluyendo fotocopias o grabaciones, o por ningún sistema de almacenamiento y recuperación de información, o transmitida por correo electrónico sin permiso escrito del editor.

Si bien se ha hecho todo lo posible por verificar la información proporcionada en esta publicación, ni el autor ni el editor asumen responsabilidad alguna por los errores, omisiones o interpretaciones contrarias al tema aquí tratado.

Este libro es solo para fines de entretenimiento. Las opiniones expresadas son únicamente las del autor y no deben tomarse como instrucciones u órdenes de expertos. El lector es responsable de sus propias acciones.

La adhesión a todas las leyes y regulaciones aplicables, incluyendo las leyes internacionales, federales, estatales y locales que rigen la concesión de licencias profesionales, las prácticas comerciales, la publicidad y todos los demás aspectos de la realización de negocios en los EE. UU., Canadá, Reino Unido o cualquier otra jurisdicción es responsabilidad exclusiva del comprador o del lector.

Ni el autor ni el editor asumen responsabilidad alguna en nombre del comprador o lector de estos materiales. Cualquier desaire percibido de cualquier individuo u organización es puramente involuntario.

Índice

INTRODUCCIÓN 1
CAPÍTULO 1 - FUNDAMENTOS 3
CAPÍTULO 2- LO QUE VINO ANTES 5
CAPÍTULO 3 - LA TREGUA Y EL CAMINO A VERSALLES................9
CAPÍTULO 4 - LOS ALIADOS..16
CAPÍTULO 5- LOS CATORCE PUNTOS 43
CAPÍTULO 6 - EL MAPA DESORDENADO Y LA GENTE DE EUROPA..54
CAPÍTULO 7 - EL MEDIO ORIENTE 63
CAPÍTULO 8 - ALEMANIA..71
CAPÍTULO 9 - EL MITO DE LA "PUÑALADA POR LA ESPALDA" 77
CAPÍTULO 10 - EL FIASCO DE LA SOCIEDAD DE NACIONES 98
CONCLUSIÓN..107
VEA MÁS LIBROS ESCRITOS POR CAPTIVATING HISTORY 110
FUENTES 111

Introducción

Durante seis meses en 1919, desde principios de enero hasta finales de junio, los ojos de gran parte del mundo estaban puestos en la capital francesa, París. La ciudad estaba acostumbrada a ser el centro de los eventos mundiales. Había visto el ascenso y caída de los celtas, romanos y francos. Había visto demasiadas incursiones vikingas como para contarlas, sin mencionar las intrigas en los palacios, las revoluciones y las guerras. París fue quizás el centro cultural del mundo desde mediados del 1600 y hasta el siglo XX.

Sin embargo, su importancia no ha disminuido en los últimos años. El mundo contuvo la respiración cuando la Catedral de Notre Dame en París se incendió en abril de 2019. Para muchos católicos franceses, Notre Dame es tan parte de su fe como la comunión. El resto del mundo vio arder la catedral, esperando que permaneciera en pie y que sus reliquias se salvaran, ya que muchos la ven como un símbolo de la civilización occidental y uno de los centros más importantes de la historia cultural y artística del mundo.

Francia, además de sus edificios inspiradores e históricos, ha jugado un papel importante en el mundo de otras maneras también. Durante siglos, el francés fue el idioma de la diplomacia. El término "lingua franca" se utiliza para describir un idioma que se emplea universalmente para hacer posible la comunicación entre pueblos e idiomas dispares. Significa literalmente "lengua de los francos", la tribu que da nombre a Francia. Aunque su significado literal se refiere al francés, hoy en día, la "lingua franca" de la diplomacia, la economía y mucho más es el inglés. Quizás en cincuenta o cien años, será el chino mandarín. Solo el tiempo lo dirá.

Esto puede parecer un escenario curioso, pero demuestra el papel central que Francia, París y los franceses han desempeñado en la historia del mundo, y volverían a desempeñar ese papel en 1919, ya que París sería el escenario de la conferencia diplomática que pondría fin a la Primera Guerra Mundial. El tratado que puso fin a la guerra, también conocido como la "guerra para poner fin a todas las guerras", se firmó en el Palacio de Versalles, que había sido el hogar de los reyes franceses hasta 1789 y sigue siendo una de las estructuras más bellas del mundo.

Aunque los hombres de Versalles (y eran *abrumadoramente* hombres) habían llegado a París para poner fin a la Primera Guerra Mundial, para cuando la conferencia terminó, el objetivo principal de los diplomáticos y los líderes nacionales se había convertido en poner fin a las guerras para siempre.

Obviamente, eso no funcionó, y de hecho, el resultado final de la Conferencia de Paz de París, el Tratado de Versalles, causaría probablemente más guerras de las que cualquiera de sus autores podría haber previsto, incluyendo la Segunda Guerra Mundial.

Capítulo 1 – Fundamentos

En 1919, las potencias vencedoras de la Primera Guerra Mundial se reunieron en París y en el antiguo palacio real de Versalles para elaborar un tratado que pusiera fin formalmente a la guerra que había terminado en el campo de batalla en noviembre de 1918. El Tratado de Versalles, que fue solo uno de los muchos productos de las conversaciones entre las naciones, es tan importante de conocer para entender lo que vino después de él, porque impacta al mundo de hoy. Por ejemplo, el moderno Medio Oriente es una construcción de la Conferencia de Paz de París, y las fronteras de las naciones tal como están hoy en día fueron construidas artificialmente por las potencias europeas victoriosas en 1919. Como probablemente sepa, las guerras se han librado no solo por estas fronteras, sino también por muchos otros asuntos que se decidieron en Francia a principios del siglo XX.

Los asuntos que se trataron en la Conferencia de Paz de París fueron tan numerosos y de tan amplio alcance que nadie allí pudo recordar un momento de la historia en el que tantas potencias se hubieran reunido para debatir los múltiples asuntos que afectaban a personas de todo el mundo.

El único ejemplo de la historia en que los líderes y diplomáticos tuvieron que buscar para orientarse fueron las conversaciones que tuvieron lugar después de la caída de Napoleón en 1814. Las conversaciones, que los historiadores denominan Congreso de Viena, decidieron cuestiones relativas a Europa, y solo a Europa, después del turbulento período de la Revolución Francesa y de Napoleón Bonaparte.

El Congreso de Viena estableció lo que vino a llamarse el Concierto europeo. En teoría, las naciones de Europa actuarían en concierto entre sí para evitar el surgimiento de otra potencia revolucionaria, como lo había sido Francia de 1789 a 1815. En términos muy generales, el Concierto europeo significaba que las grandes potencias (Gran Bretaña, Prusia, Austria-Hungría y Rusia) se encargarían de que las fuerzas conservadoras, lo que se refiere a la aristocracia de esas naciones, impidieran que los radicales volvieran a tomar el poder en Europa. Con este fin, la antigua familia real de Francia, los Borbones, fue restaurada. Esta situación duró desde 1815 hasta aproximadamente 1848, que fue cuando las revoluciones e ideas liberales se extendieron de nuevo por Europa.

En 1919, el Congreso de Viena era el único modelo que tenían los hombres de la Conferencia de Paz de París. No era suficiente, ya que, aunque las guerras de la Revolución Francesa y Napoleón habían sido devastadoras, no fueron nada comparadas con la escala de muerte y destrucción de la Primera Guerra Mundial. Los hombres del Congreso de Viena estaban enfrentando las secuelas de las guerras, así como el impacto de la Revolución Francesa, que había cambiado la forma en que la gente en Europa miraba al gobierno y a la sociedad. La Conferencia de Paz de París, por otra parte, era de alcance global y trataba no solo de cómo poner fin de forma permanente a la Primera Guerra Mundial, sino también de cómo acabar con la guerra para siempre, y ese era solo uno de los cientos de temas que abordaba.

Capítulo 2– Lo que vino antes

Lo que vino antes de la Conferencia de Paz de París y al Tratado de Versalles fue la Primera Guerra Mundial, la guerra más sangrienta y costosa que las potencias europeas, junto con Japón, los Estados Unidos y el Imperio otomano, habían visto jamás. Además de ser tan destructiva físicamente, la guerra fue destructiva también en otros aspectos.

Económicamente, muchas de las naciones de Europa estaban en bancarrota. Incluso los vencedores estaban en bancarrota, con una importante excepción, los Estados Unidos, que en realidad salieron de la guerra más ricos que nunca. Los gastos de cada nación involucrada en la guerra fueron grandes. En el norte de Francia, la parte más industrializada de la nación, muchas de las fábricas, minas y ferrocarriles, entre otras industrias, habían sido destruidas o llevadas a Alemania. La industria belga había sido tratada de manera similar. Aunque Rusia era una nación mucho menos industrializada que Francia o Bélgica, la parte occidental, que había sido ocupada por los alemanes y los austrohúngaros, sufrió de manera muy similar.

Por supuesto, la pérdida de mano de obra no solo fue trágica emocionalmente para la nación y para las familias de los caídos. Financieramente, tanto a nivel familiar, local y nacional, la mayoría de los muertos estaban en los mejores años de trabajo, teniendo entre dieciséis y cincuenta años. La muerte de estos hombres se sentiría durante años después de la guerra, y solo se vería exacerbada por la pandemia de la gripe española, que mató entre diecisiete y cincuenta millones de personas en todo el mundo después de que la guerra terminara, y esta pandemia no se vio favorecida por la migración masiva de Europa a los Estados Unidos y otros lugares.

Para empeorar las cosas, los vencedores, especialmente Francia y el Reino Unido, estaban endeudados con Estados Unidos, por lo que serían decenas de miles de millones de dólares en la actualidad, y parecía imposible que tuvieran forma de devolverlos.

Aparte de las pérdidas físicas y económicas sufridas durante la guerra, el costo emocional y psicológico, tanto para las naciones como para los individuos, fue enorme. En ese momento, los profesionales médicos ilustrados eran conscientes de que habría repercusiones mentales de una guerra tan sangrienta y violenta. La psicología estaba todavía en su infancia, pero incluso en aquel entonces, el campesino más ignorante del campo sabía que su vecino, amigo o hermano que volvía no era ni iba a ser el mismo.

La Primera Guerra Mundial fue radicalmente diferente de todas las demás guerras previas. Bibliotecas enteras pueden ser llenadas con volúmenes acerca de cómo la guerra cambió no solo el concepto de guerra en sí mismo, sino también la política, entre otras cosas. Aunque las guerras habían sido sangrientas desde el principio de los tiempos y se habían vuelto progresivamente más sangrientas, nadie estaba preparado para las muertes en la Primera Guerra Mundial.

En términos simples, la guerra fue una fábrica de muerte. La Primera Guerra Mundial fue peleada con armas inimaginables incluso cincuenta años antes. Aviones, zepelines, ametralladoras, tanques, artillería de producción masiva y de disparo rápido, gas venenoso. Todas ellas eran nuevas, o relativamente nuevas, en el campo de batalla. Nadie en 1914 estaba preparado con la rapidez con la que los hombres morirían en los campos de batalla de la Primera Guerra Mundial.

Para dar al lector una idea de la naturaleza de los campos de batalla de la guerra, especialmente en el Frente Occidental, en 1916, los británicos se enfrentaron a los alemanes a lo largo del río Somme en el norte de Francia. Solo en el primer día, los británicos perdieron 20.000 hombres, y muchos de ellos cayeron en las primeras horas. Así de letal fue la combinación de nuevas armas y viejas tácticas en la Primera Guerra Mundial.

Otra forma de demostrar la magnitud de las batallas está relacionada con Estados Unidos. La mayoría de los estadounidenses saben que, incluso hoy en día, la guerra civil americana fue el conflicto más costoso jamás librado por los Estados Unidos. Se estima que murieron entre 600.000 y 750.000 hombres, más que en todas las demás guerras de EE. UU. juntas.

Si la Primera Guerra Mundial hubiera continuado durante mucho más tiempo, las pérdidas de la guerra civil habrían sido muy superiores, especialmente, porque EE. UU. no entró en la guerra hasta 1917. Le tomó meses al grueso del ejército americano llegar a Europa, recibir entrenamiento adicional, estar equipado y desplegarse. Los problemas de planificación y mando se sumaron al tiempo que pasó antes de que los soldados de infantería "doughboys", como se llamaba a los soldados americanos durante la Primera Guerra Mundial, nombre que surgió de los feos botones de sus uniformes que parecían trozos de masa o tortas crudas llamados "doughboys", se metieran en la lucha de forma importante.

La primera gran ofensiva estadounidense tuvo lugar a finales de mayo de 1918, más de un año después de que el presidente Woodrow Wilson declarara la guerra a las Potencias Centrales, que consistían principalmente en Alemania, Austria-Hungría y el Imperio otomano. Entre mayo y noviembre de 1918 (cuando la guerra terminó), los EE. UU. sufrieron alrededor de 120.000 muertes. Eso tuvo lugar en un período de poco más de cinco meses. Multiplique ese número por 9,6, que es igual al número de meses de la guerra civil, y obtendrá un total de 1.152.000. Esto ilustra la naturaleza mortal de la Primera Guerra Mundial y por qué los EE. UU. y muchas otras naciones alrededor del mundo odiaban la idea de entrar en otra guerra después de ella.

La primera gran ofensiva estadounidense tuvo lugar a finales de mayo de 1918, más de un año después de que el presidente Woodrow Wilson declarara la guerra a las Potencias Centrales, lo que significa que, aunque hubo diferencias significativas, esta historia es cierta para todos los principales participantes de la guerra, no solo para los Aliados. Alemania, en particular, fue golpeada duramente, por razones que se harán evidentes. Los americanos pueden haber perdido un poco más de 100.000 hombres, pero los otros combatientes de la guerra perdieron un total combinado de unos nueve millones. Muchos líderes europeos, los de Francia y Gran Bretaña, en particular, no estaban muy interesados en que los americanos vinieran a través del Atlántico para darles un sermón acerca de no tomar venganza.

Hay algunos puntos importantes que recordar a medida que avanzamos. Por un lado, los Estados Unidos tuvieron el beneficio de tener el océano Atlántico entre ellos y Europa. La guerra no afectó a los EE. UU., y como tal, no hubo combates en su suelo. Lo mismo ocurre con Gran Bretaña, aunque Inglaterra sufrió bombardeos durante la guerra, fueron mucho menos mortales que los de la Segunda Guerra Mundial, así como un número muy alto de víctimas.

También es importante señalar que Bélgica y Francia fueron los escenarios de la mayoría de las grandes batallas de la guerra. La mayor parte de Bélgica fue ocupada por los alemanes durante toda la guerra, y gran parte del norte de Francia también fue ocupada durante la mayor parte del conflicto. Las experiencias de los belgas y, más importante aún, de los franceses, fueron las que marcaron el tono de las conversaciones de paz que siguieron a la tregua.

Capítulo 3 – La tregua y el camino a Versalles

La Primera Guerra Mundial comenzó en el verano de 1914. Su causa inmediata fue el asesinato del archiduque austriaco Francisco Fernando, heredero del trono del imperio austro-húngaro junto con el de su esposa Sofía, pero como los historiadores han estado diciendo durante años, esto fue solo la "chispa" que hizo estallar el polvorín que era Europa antes de 1914.

A partir de la década de 1870, mucha gente, y no solo los políticos y militares, esperaban que una guerra general europea estallara en cualquier momento. Las rivalidades por las colonias, la búsqueda de influencia política y económica (no solo en Europa, sino en todo el mundo), los odios étnicos, los deseos de algunos grupos de tener naciones propias (los checos y los eslovacos son dos de los muchos ejemplos de ello), las rivalidades entre monarcas (el káiser alemán Guillermo II, El rey Jorge V de Inglaterra y el zar Nicolás II de Rusia eran primos hermanos que habían sido comparados desde su juventud), y el infame sistema de alianzas que pedía a las naciones que defendieran a sus aliados en caso de agresión, fueron todos factores que llevaron a la guerra.

La guerra se desarrolló en Europa, África, el Pacífico y partes de Asia. Se calcula que murieron unos veinte millones de personas durante la guerra, que fue más que cualquier otra guerra librada antes. Las naciones se arruinaron y los imperios cayeron. Generaciones enteras de hombres fueron casi completamente aniquiladas. La Primera Guerra Mundial comenzó con grupos de marcha que enviaban a los hombres a ganar una victoria, pero terminó con las naciones del mundo arruinadas psicológica, física y financieramente.

Fue en la undécima hora del undécimo día del undécimo mes de 1918 cuando se detuvo la lucha de la Primera Guerra Mundial en el Frente Occidental y en el Medio Oriente. Los cañones ya habían callado en el Frente Oriental el año anterior cuando los bolcheviques de Vladimir Lenin tomaron el poder en Rusia, sacando a ese país de la guerra.

Cuando la guerra terminó, Alemania y sus principales aliados, Austria-Hungría y el Imperio otomano, fueron derrotados o estaban en camino de serlo. Esta última frase es importante, porque cuando la guerra terminó, las tropas alemanas todavía estaban en posesión de tierras en Bélgica y Francia, que habían ocupado durante la mayor parte de la guerra, aunque estaban siendo empujadas hacia su país de origen cuando los enfrentamientos terminaron. Aun así, dentro de Alemania, había quienes en los años venideros afirmarían que "el ejército alemán no perdió la guerra, Alemania como tal nunca fue invadida ni por el este ni por el oeste". Como pueden ver en el mapa de abajo, que incluye la ocupación de ciertas áreas de Alemania después del Tratado de Versalles, Alemania fue invadida durante la guerra.

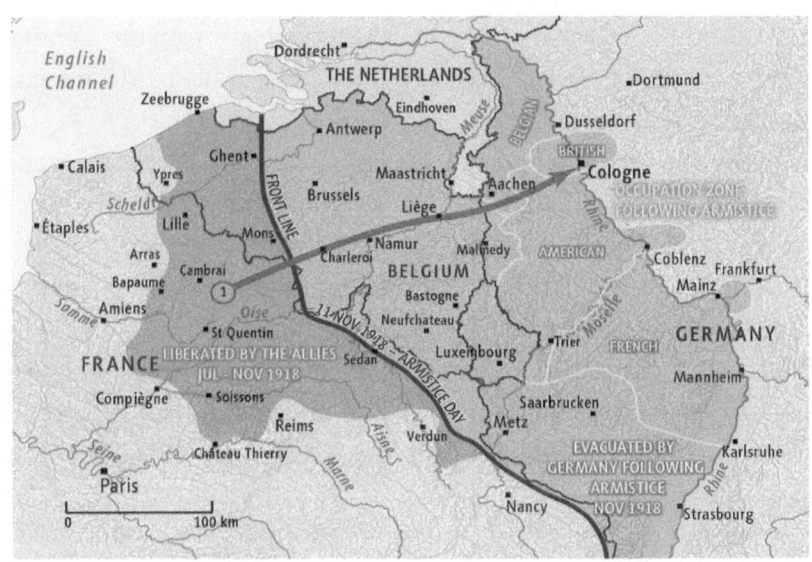

Ilustración 1: Líneas de combate al final de la Primera Guerra Mundial y la ocupación de zonas después del Tratado de Versalles. La flecha roja indica la línea de marcha británica después del tratado. (Cortesía: nzhistory.govt.nz)

Para las otras naciones derrotadas, el fin de la guerra fue relativamente simple: dejaron de existir. Austria-Hungría, que una vez fue uno de los imperios más poderosos del mundo, se disolvió bajo el peso de su naturaleza multiétnica, las luchas y los deseos de libertad de sus muchas minorías. La dinastía de los Habsburgo, que había gobernado no solo en Austria-Hungría, sino también, a veces, en muchas otras partes de Europa, se derrumbó finalmente al final de la Primera Guerra Mundial, lo que significó que Austria-Hungría ya no existía. En su lugar había un grupo de nuevas naciones compuestas por pueblos antiguos, aunque no sería fácil para estas nuevas naciones, ya que tenían que lidiar con fronteras improvisadas y con el odio étnico, entre otras cosas.

De forma similar, el Imperio otomano, cuya capital era Constantinopla, hoy Estambul, y cuyo grupo étnico dominante eran los turcos, se desmoronó unos años después de la guerra. Su derrota en la guerra, junto con el conjunto de problemas étnicos y religiosos de la nación, destrozó el alguna vez poderoso Imperio otomano, dando lugar a aún más cambios en el mapa, muchos de los cuales todavía se perciben hoy en día. Los kurdos, por ejemplo.

Durante la Conferencia de Paz de París, las grandes potencias discutieron lo que debían hacer (y si es que debían hacer algo) por los kurdos de la actual Turquía, Irak y Siria. La respuesta fue "no mucho". Mientras los líderes kurdos los presionaban para un "Kurdistán" independiente, los Tres Grandes generalmente creían que, bajo los auspicios de sus propios gobiernos coloniales-mandatarios en la región, los kurdos disfrutarían de autonomía y representación en el gobierno. En el transcurso de los siguientes 110 años, la independencia y la libertad de los kurdos fluctuaron, y nunca han tenido su propio país.

Así que, con la desintegración de las principales naciones de las potencias centrales, esto significaba que solo Alemania quedaba intacta. Este fue un punto importante, no solo para Alemania como nación, sino para los hombres que establecieron los términos de la paz en Versalles entre el 18 de enero de 1919 y enero de 1920 en París.

El camino hacia la Conferencia de Paz de París

El final de la guerra tomó a casi todos por sorpresa. Entre los Aliados, los franceses, los británicos (y sus aliados del dominio imperial, como Canadá, Australia y Nueva Zelanda) y los americanos esperaban que los alemanes lucharan hasta que Alemania (o una gran parte de ella) fuera ocupada. Sabían por los prisioneros y espías que la fortuna de Alemania estaba disminuyendo y que la situación ahí dentro era sombría y estaba empeorando, pero los alemanes en el frente seguían allí, todavía luchando, y seguían en posesión de grandes partes de territorio aliado.

Sorprendentemente, la población de Alemania creía que la guerra aún iba bien o, al menos, "bien". La marina británica había impuesto un bloqueo al país, que cortaba profundamente su suministro de alimentos y la gente empezaba a pasar hambre en Alemania. Las protestas eran algo habitual, pero mucha gente creía que parte de la razón de esta hambre era porque las tropas necesitaban alimentarse primero. No sabían o decidieron no creer lo mal que estaba la situación en el frente.

Fue fácil aferrarse a estas creencias por varias razones. La razón principal era que la prensa estaba fuertemente controlada en Alemania. Esto fue así en tiempos de paz y doblemente durante la guerra. La censura de los medios no fue lo que se convirtió bajo los nazis a partir de 1933, pero Alemania era una monarquía autoritaria que controlaba la prensa de cerca. Aunque Alemania era aparentemente una democracia parlamentaria constitucional, bajo el káiser ("César" o "Emperador") Guillermo II, era más un estado policial que una democracia real, y los militares estaban en la cima de la cadena alimenticia, por así decirlo. Esto fue especialmente cierto durante la guerra.

Por lo tanto, en su mayoría, el público alemán tenía que escuchar lo que estaba sucediendo en la guerra a través de sus periódicos y sus líderes, y decían que Alemania estaba ganando la guerra. Sí, los periódicos decían que había habido reveses a veces, pero el Imperio alemán aún poseía grandes extensiones de Rusia y Ucrania, y se aferraba a sus ganancias en el Frente Occidental.

Algunas personas, por supuesto, sabían la verdad, pero muchos de ellos eligieron esconder sus cabezas en la arena. Era más seguro, no solo físicamente, porque expresar una opinión contraria podría ser increíblemente peligroso, sino también psicológicamente. Era difícil admitir que después de tan tremendo sacrificio y pérdida que Alemania estaba perdiendo la guerra. Alemania no perdió guerras, especialmente con Francia, al menos no desde la caída de Napoleón Bonaparte y la exitosa derrota de su sobrino Napoleón III en 1870.

La línea oficial del gobierno, y en este punto eso significaba esencialmente el ejército, era que Alemania estaba a solo un gran esfuerzo de una victoria completa. Por supuesto, eso ya se había dicho antes, más notablemente en la primavera de 1918 cuando el general Erich Ludendorff (uno de los dos hombres que esencialmente dirigía el esfuerzo bélico, el otro era el mariscal de Campo Paul von

Hindenburg) lanzó una ofensiva que incorporaba nuevas tácticas diseñadas para sacar a Francia de la guerra. Por diversas razones, principalmente debido a la heroica resistencia de los franceses y los británicos, la ofensiva fracasó. En ese momento, la mayoría del alto mando alemán sabía que era solo cuestión de tiempo antes de que la guerra se perdiera, especialmente con los Estados Unidos ahora en el cuadro, ya que había una gran posibilidad de que millones de soldados estadounidenses llegaran a Europa en breve.

Como el alto mando alemán sabía que la guerra estaba perdida, dieron señales de paz en el otoño de 1918. Muchos de los oficiales superiores, especialmente los que conocían el panorama general (como suministros, mano de obra e inteligencia), también sabían que Alemania no podría resistir mucho tiempo. Los principales políticos de la oposición también lo sabían: la gente empezaba a pasar hambre debido al bloqueo británico, entre otras cosas. Muchos de los soldados de infantería más conscientes también lo sabían, especialmente los que se mantenían en contacto con sus amigos y parientes en casa.

Sin embargo, muchos de los soldados alemanes de infantería no lo sabían o eligieron ignorar las señales. Si hubieran tenido los ojos abiertos, se habrían dado cuenta de que estaban siendo empujados lentamente hacia Alemania. También se habrían dado cuenta de que los hombres que venían al frente ahora eran más bien niños o viejos, ya que la mano de obra se estaba reduciendo rápidamente. Otro problema que literalmente estaba frente a sus ojos era que los Aliados parecían estar haciéndose más fuertes, no más débiles. Llegaban más suministros de América, y cada vez se veían más "doughboys" en las líneas o detrás de ellas.

Muchos de los jóvenes que se dirigían al frente en el verano y otoño de 1918 se convertirían en sargentos y oficiales cuando Adolf Hitler reconstruyó el ejército en la década de 1930. En 1918, sin embargo, habían ido al frente, y entonces, de repente (aparentemente), la guerra había terminado, y Alemania había perdido. En sus mentes, algo no cuadraba del todo.

En el verano de 1918, los Aliados habían comenzado la ofensiva que esencialmente llevó al final de la guerra. Los alemanes retrocedieron, y luego volvieron a retroceder. Los generales de las Potencias Centrales a menudo discutían sobre pedir a los Aliados una tregua. A finales de septiembre, uno de los últimos aliados de Alemania, Bulgaria, firmó un armisticio con los Aliados. En ese momento, el general Ludendorff, sobrepasado con el esfuerzo bélico y la idea de perder la guerra, se derrumbó y tuvo un colapso mental. En este momento, Hindenburg tomó las riendas.

Para entonces, la Marina Alemana, a la que se le ordenó salir e intentar derrotar el bloqueo británico (una causa perdida si alguna vez hubo una), se rebeló en los puertos del norte de Alemania. Pronto, el país entero se rebeló, exigiendo que la guerra terminara. La oposición en el Reichstag (el parlamento alemán) declaró un nuevo gobierno, y el káiser Guillermo II se vio obligado a abdicar. Huyó a Holanda, que fue neutral en la Primera Guerra Mundial, y murió allí en 1941.

El nuevo gobierno alemán, con la bendición de Hindenburg, nombró a un real como emisario de los aliados para buscar términos para un cese del fuego. Esto no iba a ser una rendición, al menos a los ojos de los alemanes, sino una tregua hasta que se pudiera asegurar una paz más permanente. El líder Aliado al que se acercaron fue el presidente de los EE. UU. Woodrow Wilson.

¿Por qué Wilson? Tanto los británicos como los franceses (especialmente los franceses, que habían perdido territorio y más de un millón y medio de hombres, junto con millones de bajas más) estaban empeñados en la venganza. Los EE. UU. habían entrado en la guerra tarde, y su número de bajas era mínimo en comparación con los otros Aliados. Además, no habían sido invadidos, y prácticamente ningún civil americano había perdido la vida. Adicional a esto, estaban los "Catorce Puntos" de Wilson, su plan para terminar la guerra, y no era solo esta guerra la que Wilson quería terminar, sino que buscaba terminar con todas ellas, para siempre.

Capítulo 4 – Los Aliados

Líderes de todo el mundo llegaron a París en 1919. La Primera Guerra Mundial fue, después de todo, una guerra mundial, y la lucha no fue solo en Europa, sino también en África, Medio Oriente y en menor medida, partes de Asia del este. Casi todas estas naciones habían declarado la guerra a las Potencias Centrales, que incluían naciones europeas como Portugal y países lejanos como Brasil y otros en América Latina, que esencialmente querían demostrar a los Estados Unidos que serían buenos socios comerciales. Algunas de estas naciones pudieron asegurar mejores préstamos y negocios en París, tal como se haría más adelante, pero en general, las naciones como Brasil, que llegaron a París con la esperanza de obtener algún tipo de ganancias en su continente (lo cual no tenía nada que ver con la guerra), fueron ignoradas.

Japón también estaba representado, ya que se había unido a la guerra contra Alemania. No lo hicieron porque fueran demasiado amistosos con los Aliados, sino porque vieron la oportunidad de apoderarse de territorios alemanes relativamente poco vigilados en el Pacífico y en China. Por su parte, los Aliados no tendrían que desperdiciar recursos en Asia para tomar estos territorios alemanes, la mayoría de los cuales no tenían ningún valor para ellos.

Como se puede ver, cuando se abrieron las conversaciones de paz de París en el otoño de 1919, estaba representado prácticamente todo el mundo, incluyendo no solo las naciones, sino también los representantes de los grupos étnicos sin país y las colonias que esperaban más autonomía o incluso independencia.

Cuando todo estaba dicho y hecho, sin embargo, los hombres que realmente contaron y elaboraron el Tratado de Versalles, junto con su equipo de cientos de personas, fueron los "Cuatro Grandes". Estos eran el Primer Ministro francés Georges Clemenceau, el Primer Ministro británico David Lloyd George, el Primer Ministro italiano Vittorio Orlando, y por último, pero no menos importante el presidente de los Estados Unidos Woodrow Wilson. En realidad, aunque Orlando e Italia tuvieron voz y jugaron un papel importante en la guerra, él y su país jugaron un papel relativamente menor en comparación con los otros tres.

Woodrow Wilson

En diciembre de 1918, cuando el presidente Woodrow Wilson llegó a Francia, la gente se volvió loca. Para aquellos de ustedes lo suficientemente mayores como para recordar a Frank Sinatra, Elvis, o The Beatles, fue así. Wilson era la versión de 1918 de una estrella de rock. Su imagen estaba en todas partes: carteles, pinturas, periódicos, libros, tableros, lo que sea. Para la gente de Francia y de Europa en general, Wilson era el "salvador americano"

Ilustración 2: Wilson llega a Europa, el primer presidente en ejercicio que visita Europa mientras está en el cargo

No era solo Wilson por el que la gente se estaba volviendo loca. Era por América. Muchos han llamado al siglo XX el "Siglo Americano". El alcance económico, cultural, militar y político de América no tiene paralelo en el siglo XX, y todo comenzó realmente con la Primera Guerra Mundial, Woodrow Wilson y la Conferencia de Paz de París.

La emigración de Europa a los EE. UU. a finales del siglo XIX y principios del XX había crecido casi todos los años. La gente de todo el continente europeo quería una vida mejor, especialmente una en la que estuviera libre de autócratas y clases gobernantes tradicionales. Esto era más cierto para los inmigrantes de Europa del Este, donde los gobiernos eran temidos y no elegidos por el pueblo de ninguna manera. Por supuesto, personas de toda Europa y del mundo acudieron en masa a los Estados Unidos en busca de oportunidades económicas, pero para muchos de los que permanecieron en Europa, la llegada de Woodrow Wilson significó (o al menos así lo esperaban) un cambio en la política del pasado y el amanecer de un nuevo y brillante futuro.

Para ellos, Wilson no solo representaba los sueños de libertad política y económica, sino que también representaba al país que, en efecto, había terminado la Primera Guerra Mundial. Ahora, hay que recordar que las tropas americanas hicieron muy poca lucha en comparación con la de sus aliados. Gran Bretaña, Francia, Rusia y sus aliados más pequeños (como Serbia, Grecia y Bélgica) habían perdido millones de hombres. La lucha que los mató había durado cuatro largos años antes de la llegada de los americanos al frente.

Mientras que el esfuerzo americano al final de la guerra ciertamente presionó a las líneas del frente alemán, la amenaza para Alemania y la promesa para los Aliados, era el potencial americano. Al final de la guerra, más de un millón de soldados estadounidenses estaban en Europa, y al menos un millón más se preparaban para volver a casa con más soldados detrás de ellos. América estaba financiando el esfuerzo bélico de los Aliados casi por completo para 1916, y en todo caso, era más rica al final de la guerra que antes de que comenzara el conflicto. El alto mando alemán sabía que era solo cuestión de tiempo antes de que el peso de la industria y la mano de obra americana forzara el fin de la guerra, y decidieron que podrían conseguir un mejor trato si se acercaban a los Aliados más pronto que tarde, especialmente si se acercaban a Wilson.

Repasamos brevemente las razones por las que los alemanes fueron a Wilson, pero también es importante hablar de Wilson, el hombre. A pesar de que fue impulsado al centro de atención debido a su presidencia en la Universidad de Princeton y la gobernación de Nueva Jersey, Wilson era un sureño. De hecho, fue el primer sureño en ser elegido presidente desde 1848 (Andrew Johnson, un tennesiano, se convirtió en presidente después de la muerte de Abraham Lincoln).

Esto presenta una interesante ventana a la personalidad de Wilson. En uno de sus más famosos discursos, uno de los cuales se dirigió a los muchos grupos étnicos de Europa que estaban dominados por otros, instó lo que se ha conocido como la "autodeterminación de los pueblos", en otras palabras, el derecho de los grupos étnicos o minorías a tener voz y voto o a formar sus propios gobiernos.

Aun así, hay que recordar que Wilson fue un producto de su tiempo y antecedentes. Nacido en Virginia en octubre de 1856 y criado en Georgia durante la guerra civil y la reconstrucción, él, como muchos otros de su época, despreciaba y discriminaba a los afroamericanos. Como presidente de Princeton, Wilson emitió edictos segregando dormitorios, vestuarios y muchas otras áreas de la vida del campus, a pesar de que Princeton era una universidad del norte. Como presidente de los Estados Unidos, muchos líderes negros se reunieron con Wilson y lo presionaron para que hiciera algo con respecto a las pésimas condiciones de los afroamericanos en el Sur. Wilson discutió con ellos y luego los vio expulsados de la Casa Blanca, sin hacer nada en respuesta.

Su famoso discurso de los Catorce Puntos en 1918, en el que exponía un plan que creía que podría poner fin a la Primera Guerra Mundial, incluía una declaración sobre la participación de los pueblos coloniales en sus gobiernos, pero él mismo se negó a escuchar a los filipinos, puertorriqueños y representantes de otras posesiones americanas.

Wilson también habló a menudo de la predilección europea por la guerra y de la interferencia en la política de otras naciones, sin embargo, durante su administración, los Estados Unidos se vieron envueltos en una guerra de bajo nivel en México, ocuparon Nicaragua y enviaron tropas estadounidenses a Panamá, Cuba y Honduras.

No obstante, Wilson era un académico brillante, y sus trabajos sobre relaciones internacionales, historia y política ganaron premios y le consiguieron reconocimiento no solo en los círculos académicos, sino también en los políticos. Cuando se postuló para gobernador de Nueva Jersey en 1910, nunca había sido elegido. Como hombre con conexiones con la maquinaria política demócrata de Nueva Jersey, Wilson fue esencialmente designado como nominado y ganó las elecciones basado no solo en su reputación académica, sino también en sus promesas de instalar reformas progresistas en Nueva Jersey, un estado conocido por la corrupción y los abusos de las grandes empresas. En esta época de la historia americana, el "progresismo" fue visto como una reacción al abuso desenfrenado de las grandes empresas y de la maquinaria política sobre la vida económica y política americana.

Después de solo dos años como gobernador de Nueva Jersey, Wilson fue nominado como candidato demócrata a la presidencia. Sus oponentes fueron el actual republicano William Howard Taft y Theodore Roosevelt, el ex presidente y el candidato del nuevo y progresista "Partido Bull Moose". La elección fue esencialmente una carrera de dos hombres entre Roosevelt y Wilson, con Taft ganando solo en Utah y Vermont. Sin embargo, la entrada de Roosevelt en la carrera probablemente les costó a los republicanos la presidencia, y Wilson se convirtió en el 28º presidente de los Estados Unidos de América.

Wilson, a pesar de tener una experiencia limitada en cargos públicos, tenía varias cosas a su favor. Entendía la política americana, ya que había escrito mucho sobre el tema. También sabía cómo jugar al Congreso y cómo hacer las cosas. A pesar de su apariencia libresca, Wilson era un buen orador que podía encender una multitud, y en 1912, las multitudes estaban listas para ser encendidas por una nueva cara que creía en los ideales progresistas. Wilson tenía un deseo genuino de mejorar la vida de la gente. Aunque tenía prejuicios contra los afroamericanos y creía en la segregación, no le gustaba el Ku Klux Klan (en ese momento el Ku Klux Klan gozaba de una increíble popularidad no solo en el Sur, sino en el Medio Oeste) y se sentía insultado por la violencia contra los negros. Un punto ciego en su lógica impidió que Wilson viera que su creencia en la segregación ayudaba a fomentar la violencia. Aun así, Wilson ayudó a mejorar las relaciones laborales y las condiciones en los EE. UU., y abordó algunos de los peores abusos de las grandes empresas.

Wilson era piadoso, ya que era hijo de un ministro, inteligente y conocedor de la política. Además, era estrecho de miras en muchas áreas, y a pesar de su amplio conocimiento de los políticos americanos, era bastante ignorante en asuntos exteriores y geografía, lo que le metería en problemas en París. El otro gran defecto de Wilson era su arrogancia, que provenía de la extraña convicción de que siempre tenía razón. Se rodeó de hombres que decían sí (algunos muy capaces, seguro, pero que seguían diciendo que sí) y no permitió que se le corrigiera, incluso cuando estaba claro para todos que estaba equivocado.

Por ejemplo, aunque entendía que los Estados Unidos eran la potencia emergente del mundo, también subestimó la riqueza y el poder del Reino Unido, especialmente su marina. Además, no comprendía plenamente la importancia de esa marina y las colonias que unía para la supervivencia de Gran Bretaña. Comentando el tema en una reunión social al comienzo de la conferencia, Wilson le dijo a un diplomático francés: "Si Inglaterra insistía en mantener el dominio naval después de la guerra, ¡Estados Unidos podrían y le mostrarían cómo construir una marina!".

Y mientras Wilson compartía la admiración de muchos americanos por el poder, la riqueza y la influencia de Gran Bretaña, esa admiración también estaba teñida de un poco de celos y el conocimiento de que Inglaterra era la nación contra la que América había luchado por su independencia (dos veces si se cuenta la guerra de 1812). En el Palacio de Buckingham para una recepción real, Wilson amonestó a un funcionario británico, haciéndole saber exactamente lo que pensaba de hablar de "primos separados por una lengua común". "No debes hablar de nosotros que venimos aquí como primos, y menos aún como hermanos, no somos ni lo uno ni lo otro".

Por supuesto, algo de esto era necesario. Estados Unidos, como el chico nuevo del barrio, tenía que hacer saber que no sería sometido, pero para Wilson, esto no era un espectáculo. Él era así con casi todo el mundo. Es importante señalar que no llevó a ningún republicano con él en su misión de paz, y tampoco buscó su consejo antes de irse. Cuando el Tratado de Versalles estuvo listo para su ratificación en 1920, los republicanos tenían el control del Senado, y no estaban de humor para darle un regalo a Wilson.

Había un hombre al que Wilson sí trató como a un igual, el coronel Edward M. House, quien no era realmente un coronel, pues en realidad no tenía ninguna experiencia militar, pero era un sureño influyente y se le concedió ese título honorífico como a muchos sureños importantes de la época.

House fue un exitoso hombre de negocios de Texas y un gran impulsor en la política local. Era pequeño y había sido enfermizo de niño, pero era extremadamente inteligente y rápido. A lo largo de su vida, House admitió que prefería ser "el hombre tras bastidores" que influyó en los acontecimientos, y eso es lo que hizo bajo el mandato de Wilson, a quien había conocido cuando se trasladó de Texas a Nueva York para ampliar su negocio y su alcance político. Al darse cuenta de que Wilson tenía una buena oportunidad de ser elegido gobernador de Nueva Jersey en 1912, House se unió a su campaña en 1911 y permaneció junto a él desde entonces.

House fue fundamental para ayudar a Wilson a navegar por la política nacional y conseguir que fuera elegido presidente en 1912. Desde el principio de la administración de Wilson, House fue el hombre con el poder de hacer que las cosas sucedieran. Se le dio un apartamento dentro de la Casa Blanca y fue la única persona que tuvo acceso a Wilson siempre que lo quiso, aunque cabe señalar que no ocupó un cargo oficial, como Harry Hopkins veinte años después bajo el mando de Franklin Delano Roosevelt. Solo en los últimos años de la administración de Wilson, cuando su segunda esposa (su primera esposa Ellen murió en 1914) emprendió una campaña contra él, House empezó a perder su influencia con el presidente.

Wilson, que durante la mayor parte de su vida fue una isla para sí mismo, le dijo a House, "Eres la única persona con la que puedo discutir todo..., eres la única persona con la que puedo aclarar mi mente". Como los europeos en París iban a aprender, si querías cambiar la opinión de Wilson sobre algo, necesitabas pasar por House primero.

Aun así, Wilson era su propio hombre y no se atrevió a dejar que la gente lo supiera, incluso cuando se enfrentó a pruebas claras que demostraron que estaba equivocado, y cuando se enfrentó a las afiladas, hábiles y duras personalidades de Europa, especialmente David Lloyd George de Gran Bretaña y Georges Clemenceau de Francia, Wilson estaba fuera de lugar.

David Lloyd George

En muchos sentidos, David Lloyd George fue el mentor político de Winston Churchill. Churchill, aunque a veces discutía enérgicamente con el hombre mayor, respetaba y admiraba a Lloyd George y a su mente ágil. Piense en eso por un momento: Churchill, una de las figuras más importantes del siglo XX (y la mayoría de los americanos olvidan, si es que saben algo, que jugó un papel extremadamente importante tanto en la Primera Guerra Mundial, como en la Segunda Guerra Mundial), admiró y tomó muchas señales políticas y lecciones de David Lloyd George.

Ilustración 3: Lloyd George antes de que estallara la Primera Guerra Mundial. Mucha gente comentaba el brillo pícaro de sus ojos, especialmente las damas, a las que él también apreciaba mucho.

Los dos no podrían haber sido más diferentes, al menos en la superficie. Churchill era miembro de una de las familias aristocráticas más antiguas e influyentes de Inglaterra. Su padre había ocupado todos los puestos importantes del gabinete excepto un primer ministro. Su antepasado era Lord Marlborough, que había derrotado a los ejércitos de Francia en Blenheim en 1704. Winston Churchill nació en el Palacio de Blenheim, que era el hogar de Marlborough en Inglaterra y que fue nombrado en honor a su famosa victoria. La madre de Churchill era americana y lo más cercano a la realeza que los americanos de finales del siglo XIX podían tener. Jennie provenía de la familia Jerome, que era una de las familias más ricas de Nueva York en ese momento (la avenida Jerome de la ciudad de Nueva York lleva su nombre, al igual que muchos otros lugares de interés). Winston Churchill no tuvo necesidad de nada al crecer, al menos materialmente. Emocionalmente es otra historia.

David Lloyd George, por otro lado, no era inglés, era galés. Para muchos en las clases altas inglesas, los galeses eran primos más pobres, tipos rudos y desgarbados del campo y de las minas de carbón que sembraban sus tierras. Los padres de Lloyd George definitivamente no eran aristócratas y no eran ricos. Su padre, William George, era un maestro de escuela que murió cuando David tenía solo un año. Después de que eso sucediera, fue criado por su madre y su hermano, Richard Lloyd, quien era zapatero y un ávido seguidor de los liberales de la época. La influencia de Richard en David fue tan grande que el joven tomó su apellido.

Lloyd George nació en enero de 1863. La política en la segunda mitad del siglo XIX en Gran Bretaña estaba dominada por una lucha entre las ideas liberales y conservadoras. En este caso, las ideas conservadoras significaban mantener el estatus quo de la conciencia de clase y permitir que los negocios funcionaran libremente en busca de beneficios. Por el contrario, los políticos liberales de la época presionaban por más derechos y acceso a mejores trabajos, política y mucho más para la gente común de Inglaterra.

Muchas de estas luchas se centraron en el trabajo y la reforma del lugar de trabajo. Gran Bretaña fue la primera potencia industrial del mundo, disfrutó de los frutos de ser la primera con nuevos mercados y más capital, pero también la primera en sufrir los más bien horribles efectos secundarios de la industrialización. A finales del siglo XIX, *algunos* de los peores abusos habían mejorado, pero los lugares de trabajo de la Gran Bretaña del siglo XIX y principios del XX estaban lejos de ser ideales. Era sucio, inseguro y desigual, con trabajadores que tenían muy poco que decir en cuanto a su vida y sustento. Para David Lloyd George, su tío y gente como ellos vieron que se necesitaban cambios desesperadamente.

David Lloyd George se convirtió primero en abogado y luego en periodista, trabajando en casos que reformaron las leyes de propiedad y acceso a la tierra, así como en casos que ayudaron a formar sindicatos entre los agricultores en un momento en que esto podría haber sido perjudicial para el bienestar físico de las personas. Lloyd George pronto vio que la manera más efectiva de promover el cambio era en la política. Primero se involucró en el consejo del condado local y se hizo un nombre a nivel regional, y en 1890, se presentó a las elecciones al Parlamento de la ciudad de Caernarvon y mantuvo ese asiento durante los siguientes *cincuenta y cinco años.*

Lloyd George se convirtió en una figura nacional a principios del siglo XX, cuando los británicos luchaban contra los bóeres holandeses en Sudáfrica en una larga, prolongada y sangrienta guerra. Lloyd George fue vocal en su oposición a la guerra, que era una posición impopular en ese momento, pero su coraje para hablar se ganó tanto el respeto como la notoriedad. Como resultado, cuando los liberales llegaron al poder en 1905, Lloyd George fue nombrado presidente de la Junta de Comercio, la rama del gobierno que (en ese momento) se ocupaba de la industria y el comercio. Dentro de la nación más rica del planeta, este era un puesto importante.

Como jefe de la junta de comercio, Lloyd George se dio a conocer a nivel nacional, y en 1908, se convirtió en canciller del tesoro, el equivalente británico del secretario del tesoro americano. Entre los muchos cambios que Lloyd George impulsó, el más notable fue la Ley de Seguro Nacional, que fue uno de los primeros sistemas de seguridad social del mundo industrializado.

Cuando comenzó la Primera Guerra Mundial, Lloyd George se convirtió en el importante jefe del Ministerio de Municiones, supervisando la producción de la guerra. A lo largo de 1914 y 1915, Lloyd George dirigió el ministerio y el esfuerzo bélico del Reino Unido con gran éxito, sorteando disputas laborales, escasez de dinero, asignación de recursos y más. Cuando el gobierno de coalición del Primer Ministro Herbert Asquith cayó en 1916, Lloyd George le sucedió y fue el único liberal en un gabinete de conservadores.

No es difícil entender por qué Churchill admiraba a Lloyd George. El galés era increíblemente inteligente y un orador extraordinario. Al principio de su carrera política, se le dijo que defendiera cierto punto en un debate próximo. Con información errónea, Lloyd George argumentó con éxito una posición opuesta a la de su partido. Durante el debate, se le dio la información correcta, y antes de que el debate terminara, había cambiado completamente su posición y ganó el debate.

Lloyd George era un político muy astuto y podía ver el meollo del asunto muy rápidamente, pero era frecuentemente brusco al hacerlo. Sus modales, aunque educados para el mundo político de hoy, eran muy rudos para la Gran Bretaña de principios de 1900, y su actitud alienaba a más de unas cuantas personas.

También era sorprendentemente ignorante sobre el resto del mundo. Aunque era un hábil defensor de los intereses británicos, frecuentemente se equivocaba en la ubicación de las colonias y los países, y esto apareció una y otra vez en París en 1919. Sin embargo, la mayor parte de las veces, esto no importaba, ya que cuando se trataba de Woodrow Wilson, estaba tratando con un neófito geopolítico, pero cuando se trataba de Georges Clemenceau de Francia, no era el caso.

Georges Clemenceau

Clemenceau era conocido como "El Tigre", y a veces, "El Tigre de Francia". Se le dio este apodo, que le gustaba inmensamente, antes de la guerra, cuando se destacó por su dureza en el trato con los oponentes políticos y problemas aparentemente sin solución. En noviembre de 1918, después de haber sido el primer ministro de Francia durante un año y de haber visto al país y a su gente a través de un tiempo muy sombrío de la guerra y en sus últimas etapas victoriosas, se le conoció como "El Padre de la Victoria".

Ilustración 4: Clemenceau en los años anteriores a de la Primera Guerra Mundial

Clemenceau tenía una esposa, una estudiante americana llamada Mary Plummer, a quien había conocido mientras enseñaba en los Estados Unidos, y como muchos franceses destacados de la época, también tenía una amante, pero su único gran amor era Francia. Había dedicado su vida al país de joven y había servido en el gobierno en una variedad de posiciones diferentes, incluyendo haber sido primer ministro de 1906 a 1909 durante un tiempo de gran agitación en el país.

Clemenceau nació en una parte muy religiosa y conservadora de Francia, pero creció en una familia liberal y fue criado con un gran desdén por la Iglesia católica. Aunque esto era inusual en esta parte de Francia, conocida como la Vendée, Francia misma había estado en una especie de guerra ideológica y religiosa consigo misma desde la Revolución francesa de 1789, y la religión era uno de los principales temas de esta "guerra". Al principio de su vida, Clemenceau fue médico, como su padre, pero se convirtió en profesor cuando se dio cuenta de que la práctica de la medicina no le hablaba.

El padre de Clemenceau, Benjamin, había sido un activista político toda su vida, y Georges siguió los pasos de su padre. Antes de partir para los Estados Unidos en 1865, había fundado un periódico en París en 1861. Este periódico, y otros que dirigía (a veces en solitario, asumiendo él mismo todas las posiciones), casi siempre estaban agitando los ánimos. Clemenceau fue un luchador acérrimo, él consideraba los ideales de la República francesa tal como se anunciaron por primera vez en los primeros días de la Revolución francesa; creía que debía haber una separación entre la iglesia y el estado, un trato justo para las clases trabajadoras, y anticorrupción en el gobierno.

Su apodo, "El Tigre", le fue dado por su inclinación a atacar, y a veces a derribar, los gabinetes gubernamentales. Como suele ocurrir en las democracias parlamentarias con un sistema multipartidista, cualquier cambio en el equilibrio de poder podía dar lugar a nuevas elecciones, y Clemenceau contribuyó a debilitar muchos gobiernos cuando creía que eran incompetentes o corruptos.

Permaneció en los Estados Unidos durante más de cuatro años, trabajando durante un tiempo en la ciudad de Nueva York y luego se convirtió en profesor de una academia de chicas en Connecticut, donde conoció a Plummer. Regresó a Francia en 1870 cuando la guerra franco-prusiana estaba en marcha.

La guerra franco-prusiana formó no solo a Clemenceau, sino a toda una generación de franceses. Para entender a Francia en los años anteriores a la Primera Guerra Mundial y el papel que Francia jugó en la formación del Tratado de Versalles, es importante entender esta guerra, que la dañó tanto geográfica como psicológicamente.

La guerra franco-prusiana fue la última de una serie de tres guerras libradas por el estado alemán dominante de Prusia con el fin de unir a todos los estados de habla alemana en una sola nación. Mucha gente no se da cuenta de esto, pero Alemania es una nación bastante nueva: fue fundada en 1871 como resultado de estas guerras y especialmente debido a la derrota de Francia.

A través de una serie de brillantes maniobras políticas, el primer ministro prusiano Otto von Bismarck provocó las guerras con Dinamarca (1864) y Austria-Hungría (1866) para eliminar su influencia en los estados y principados alemanes, que se contaban por centenares, en el norte y en el sur. Se esperaba ganar contra Dinamarca, pero muchos en todo el mundo esperaban que la guerra con Austria-Hungría fuera larga y que quizás resultara en una derrota prusiana. No fue larga, y de hecho, los prusianos ganaron.

Cuatro años más tarde, Bismarck puso su foco en eliminar la influencia francesa en los estados alemanes de occidente, y manipuló hábilmente al emperador francés Napoleón III (sobrino de Napoleón Bonaparte, que gobernó de 1848 a 1870) como a un tonto y lo manipuló para declarar la guerra a Prusia. Francia, en ese momento, era considerada como la potencia terrestre más fuerte de Europa, pero los prusianos, mediante el uso de nuevas tácticas, nuevas armas y un mejor entrenamiento y liderazgo, superaron a los franceses y los derrotaron en poco tiempo.

Durante ese corto conflicto, París estaba bajo asedio, y fue a París que Georges Clemenceau regresó de los Estados Unidos. Durante cinco meses, entre 1870 y 1871, París sufrió hambre, enfermedades y luchas políticas mientras los prusianos asediaban la ciudad. Finalmente, los franceses no pudieron aguantar más y pidieron la paz.

Como resultado, los estados de habla alemana, de la actual Alemania occidental, se unieron a Prusia y a los otros estados alemanes, y así nació Alemania. No solo eso, sino que el área bilingüe de los estados de Alsacia y Lorena (frecuentemente referida solo como Alsacia-Lorena) fueron cedidos a Alemania. Esta zona relativamente grande al oeste de la tradicional zona fronteriza franco-alemana, cerca o en el río Rin, fue históricamente significativa para los franceses, ya que la capital de Carlomagno, Aquisgrán, estaba cerca, y era económicamente muy rica.

Para los franceses, ceder Alsacia-Lorena era una humillación nacional. Peor aún, los acuerdos que unieron a Alemania y dieron Alsacia-Lorena a los alemanes se firmaron en el Palacio de Versalles, uno de los edificios más grandes e históricos de Francia y el centro del reino francés durante siglos.

En 1940, después de la derrota de Francia por Hitler, Churchill habló a la nación francesa e incluyó algo de la historia de la guerra franco-prusiana. Citó a Léon Gambetta, un prominente político francés de finales del siglo XIX, que dijo a los franceses cuando pensaran en 1871 "piensen en ello siempre, hablen de ello nunca". Todo el episodio franco-prusiano, que fue una humillación política y militar, dio origen a todo un movimiento político francés llamado "revanchismo" (venganza).

Aunque Clemenceau no estaba al frente del movimiento revanchista, desarrolló una implacable aversión a Alemania y a todas las cosas alemanas. Digámoslo así: él *odiaba* a Alemania, y como la mayoría de los franceses (y francesas) de la época, estaba decidido no solo a recuperar Alsacia-Lorena para Francia, sino a hacer todo lo posible para debilitar y humillar a Alemania en cada oportunidad hasta que eso se hiciera.

Desde la década de 1870 hasta la Primera Guerra Mundial y más allá, Clemenceau pasó la mayor parte de su vida en la política. También fundó periódicos que defendían sus puntos de vista y los de aquellos que estaban de acuerdo con él. Políticamente, el Tigre estaba en la izquierda, pero no en la extrema izquierda. Vio los abusos generalizados de los trabajadores por parte de las grandes empresas y vio una gran corrupción y abuso de poder en el ejército, y quería arreglar eso.

Clemenceau, que ya era una figura nacional a finales del siglo XIX, fue importante para derribar el movimiento boulangista, que se unió a un general ultranacionalista con aspiraciones de dictadura militar llamado Georges Boulanger, y Clemenceau también se unió al famoso escritor Émile Zola en su defensa de Alfred Dreyfus, el oficial francés de ascendencia judía que fue (falsamente) acusado de ser un traidor a sueldo de Alemania.

Cuando estalló la Primera Guerra Mundial, Clemenceau había ocupado varios cargos políticos, incluyendo el de primer ministro, pero estaba fuera del poder cuando empezó la guerra. Al inicio de la guerra, el periódico de Clemenceau fue censurado bajo restricciones de tiempo de guerra por criticar supuestamente el esfuerzo bélico y la ineficacia y falta de transparencia del gobierno. Durante la guerra, criticó el esfuerzo bélico francés cuando fue necesario.

En noviembre de 1917, después de un año desastroso que incluyó motines generalizados de las tropas francesas en el frente, Clemenceau se convirtió de nuevo en primer ministro. Casi inmediatamente, despidió a generales incompetentes, cambió algunas reglas draconianas (lo que complació a los descorazonados soldados franceses) y perfeccionó el proceso de abastecimiento. Mejoró la alianza con los británicos y más tarde con los Estados Unidos, aunque, al igual que Lloyd George, Clemenceau iba a desarrollar una aversión personal por Woodrow Wilson.

En la Conferencia de Paz de París de 1919-1920, la primera prioridad de Clemenceau fue asegurarse de que Alemania no volviera a amenazar a Francia. Todo lo demás era secundario a este objetivo.

Vittorio Orlando

Ilustración 5: Orlando (Segundo desde la izquierda) conversando con Lloyd George. El siguiente en la fila es Clemenceau y luego Wilson.

En una de las más famosas fotografías tomadas en la Conferencia de Paz de París, Wilson, Clemenceau y Lloyd George son fotografiados con otro hombre. Ese hombre es Vittorio Orlando, y fue el primer ministro de Italia durante la Primera Guerra Mundial.

Italia había librado una costosa guerra contra Austria-Hungría, la que a veces fue ayudada por un gran número de tropas alemanas, entre ellas el futuro héroe alemán Erwin Rommel, en las tierras fronterizas entre Italia y el Imperio austro-húngaro. Gran parte de los combates tuvieron lugar en las montañas, y aunque la mayoría de la gente sabe que el Frente Occidental de la Primera Guerra Mundial fue un lugar particularmente brutal y desagradable, las montañas de Italia y Austria-Hungría también lo fueron. Se estima que Italia perdió medio millón de hombres en la guerra, y la mayoría de estos combates tuvieron lugar en una zona muy pequeña y congestionada a lo largo de sus fronteras.

Orlando estaba en París para hacer que las otras potencias reconocieran que sin las fuerzas italianas reteniendo cientos de miles de tropas enemigas, la guerra podría haber sido mucho peor, ya que esos soldados enemigos podrían haber sido enviados al Frente Occidental, quizás con mayor efecto. También quería que los franceses, los británicos y los americanos supieran que Italia, al igual que muchas otras potencias europeas antes de la guerra, era una potencia imperial, con intereses en África y otras partes del mundo, y que exigía representación. Orlando y los italianos también querían una parte del ya desaparecido Imperio austro-húngaro, específicamente las tierras costeras frente a la península italiana a lo largo del mar Adriático y hacia el norte en los Alpes.

Orlando era siciliano y nació en 1860 en esa isla antes de que Italia fuera un país (se unificó en 1866). La política italiana de finales del siglo XIX y principios del XX estuvo dominada por hombres del centro y norte del país. Gente como Orlando, que venía del sur, ya sea de Sicilia o del talón y la punta del país (Calabria), eran considerados como campesinos y atrasados. También se sospechaba que eran criminales, e incluso después de que Orlando se hiciera un nombre en la política nacional, fue acusado de tener vínculos con la mafia. Aun así, para un siciliano convertirse en primer ministro significaba que Orlando era un político muy capaz y astuto.

Entró en la política a finales de la década de 1890 y comenzó a ascender en las filas del gobierno, ocupando diversos cargos en el gabinete antes del estallido de la Primera Guerra Mundial. Cuando estalló la guerra en 1914, Orlando apoyó la entrada de Italia en ella, y se convirtió en primer ministro a finales de 1917, más o menos al mismo tiempo que Clemenceau se convirtió en jefe del Estado francés.

Al igual que Clemenceau, a Orlando se le presentaron varios problemas, incluyendo generales incompetentes, hambrientos de poder y un ejército mal equipado y mal abastecido al borde de un motín. Como el Tigre, Orlando despidió generales y mejoró las condiciones de los soldados italianos.

Sin embargo, en la Conferencia de Paz de París después de la guerra, pronto se hizo evidente que los Cuatro Grandes se convertirían en los "Tres Grandes", porque Wilson, Lloyd George y Clemenceau pensaron en Italia como un socio menor, ya que después de todo, no lucharon contra Alemania directamente, y su expediente en la batalla era mixto en el mejor de los casos.

El resto

Aunque es un término bastante despectivo para utilizarlo en el encabezamiento de una sección, las conversaciones de paz de París fueron en realidad, en su mayor parte, conversaciones entre Francia, Gran Bretaña y los Estados Unidos. Esas son las naciones que "establecieron la ley", por así decirlo. Sin embargo, esto no significa que las otras naciones presentes, especialmente las que podrían llamarse "potencias secundarias", no tuvieran voz ni influencia, ni abiertamente ni tras bastidores.

Había más de treinta naciones representadas en París, y también había un gran número de representantes de pueblos coloniales y minoritarios que deseaban que sus voces fueran escuchadas, pero para los propósitos de este libro, nos quedaremos con algunos de los más grandes.

Japón

Japón no se unió a la Primera Guerra Mundial en el bando aliado debido a una gran afinidad con las naciones aliadas, la causa aliada o el amor por las democracias occidentales (aunque aparentemente era una democracia parlamentaria, Japón todavía tenía un emperador poderoso, aunque el emperador Taishō era débil comparado con los demás, y un complejo militar-industrial con una influencia creciente). No, el objetivo de Japón de unirse contra Alemania era simple: las fuerzas armadas alemanas que custodiaban sus intereses en el Asia Pacífico serían débiles, y Alemania no iba a ser capaz de reforzarlas. Japón "ofreció" mantener esas fuerzas ocupadas para que los Aliados no tuvieran que debilitar sus fuerzas europeas y enviarlas por todo el mundo.

Cuando terminó la Primera Guerra Mundial, los japoneses se interesaron en dos cosas, una de ellas era bastante admirable. La primera era ganar el control de las concesiones alemanas en China y las pequeñas cadenas de islas en el Pacífico. La segunda cosa que los japoneses querían era un anuncio incorporado en el tratado final de que todas las razas eran iguales. Consiguieron la primera, pero no la segunda.

Japón, que comenzó la Segunda Guerra Mundial atacando a China en la década de 1930, ya tenía sus ojos puestos en los ricos recursos de China en la Primera Guerra Mundial. Tomar el control de valiosas áreas controladas por Alemania aumentaría su huella en China y les permitiría acceder a más recursos naturales, alimentos, de los que Japón carecía.

Las cadenas de islas en el Pacífico (que le resultarán familiares a cualquier aficionado de la Segunda Guerra Mundial: las Marshalls, las Marianas, las Carolinas y Palaos) le proporcionarían al Japón un mayor acceso a los peces, pero también le permitirían extender su alcance naval casi hasta la mitad del Pacífico.

Desde el cambio de siglo, los Estados Unidos, Gran Bretaña y Australia por un lado, con Japón por el otro, habían estado haciendo planes de guerra para el conflicto en el Pacífico, y el control de estas islas era clave. Sin embargo, en 1919, el pensamiento de los Aliados era que Japón podría tener estas pequeñas islas relativamente inútiles por la poca lucha que hicieron en la Primera Guerra Mundial.

Australia y Nueva Zelanda

Australia y Nueva Zelanda eran ostensiblemente posesiones del Reino Unido, pero para 1919, habían sido estados de dominio del Imperio británico durante doce años. Esto significaba que eran independientes en casi todos los aspectos importantes, pero aún debían lealtad a la Corona Británica.

Por su parte, Australia quería el control de la antigua Nueva Guinea Alemana, la enorme isla que se encuentra al norte. Ya sospechando de los objetivos de Japón, el Primer Ministro australiano Billy Hughes insistió en el control de esta isla rica en recursos como un amortiguador contra una posible agresión japonesa.

Hughes era perfectamente australiano en cuanto a sus objetivos y a su aversión por Woodrow Wilson, a quien odiaba (y el sentimiento era mutuo). En un momento dado durante las conversaciones de París, le pareció a Hughes que Wilson estaba siendo intransigente con Australia para obtener algún beneficio de su muy costosa participación en la guerra, con Australia sufriendo entre 60.000 y 70.000 muertos y cientos de miles de heridos.

En un momento dado, Hughes usó un truco solapado para salirse con la suya. Se suponía que las conversaciones eran secretas, ya que la mayoría de los poderes acordaron no hablar con la prensa a menos que fuera una conferencia de prensa aprobada en la que solo se discutieran las generalidades o si todos habían acordado que era importante dar a conocer alguna información.

El 29 de enero de 1919, un periódico británico, el Daily Mail, publicó un artículo en el que afirmaba que el presidente Wilson estaba obligando a los británicos y a los poderes del Dominio a renunciar a sus importantes posiciones estratégicas debido a las ideas estrechas de Wilson sobre la paz mundial. El contenido del artículo dejaba claro a los hombres que participaban en las conversaciones de paz que la fuente de la información era el primer ministro australiano que, de hecho, se había puesto en contacto con el periódico.

A la mañana siguiente, Hughes y los Cuatro Grandes se reunieron en París. David Lloyd George estaba muy enfadado, porque el artículo socavaba su relación con Wilson, que ya era inestable, y si Wilson sentía que el artículo exponía los verdaderos sentimientos de Gran Bretaña, mucho podría estar en peligro.

Además de esto, los objetivos de guerra de Wilson, que discutiremos en breve, incluían una eventual eliminación de las colonias. Mientras tanto, los territorios que no obtuvieran una independencia inmediata se convertirían en "mandatos" de la futura Sociedad de Naciones, y serían gobernados internacionalmente hasta que se decidiera que el territorio podía gobernarse a sí mismo.

Por supuesto, Wilson estaba furioso y se lo hizo saber a Hughes con palabras y acciones. Fue grosero con el australiano, cortándole el paso, ignorándolo y levantando la voz. Para Lloyd George, que conocía mucho mejor a Hughes, esta era la forma equivocada de tratar el problema. La situación se complicaba por la sordera de Hughes, a la que ayudaba un poco un gran audífono, pero a veces Hughes usaba su sordera para irritar a la gente.

Wilson preguntó en voz alta a Hughes, "¿Debo entender que, si todo el mundo civilizado le pide a Australia que acepte un mandato con respecto a estas islas, Australia está preparada para desafiar el llamado de todo el mundo civilizado?". Hughes entonces fingió no haber oído a Wilson, que tuvo que repetir su pequeño discurso. Hughes respondió: "Eso es más o menos lo que hay, presidente Wilson".

Al final, Australia obtuvo el control de Nueva Guinea. Wilson sabía que sus opciones eran pocas: no iría a la guerra con Australia, obviamente, y sus respuestas económicas eran limitadas si decidía usarlas. Australia hacía la mayor parte de su comercio con otras posesiones británicas y la propia madre patria, que seguía siendo la más rica de la Tierra, por lo que las sanciones económicas americanas tendrían un efecto limitado y solo enfurecerían a los australianos y a los británicos.

Curiosamente, y aunque no se les preguntó, las tribus de Nueva Guinea generalmente preferían a los alemanes que los australianos. Los alemanes esencialmente dejaron a los miembros de la tribu, ya que no interfirieron en la práctica de la caza de cabezas (siempre que la víctima no fuera alemana) o enviaron misioneros a las áreas tribales. Mientras los alemanes pudieran obtener cosechas, como el aceite de palma, y usar los puertos, estaban contentos. Los australianos habían estado en la isla desde el comienzo de la Primera Guerra Mundial. Bebían en exceso, acosaban a los lugareños, prohibían la caza de cabezas (continuaba de todas formas), y enviaban misioneros a la jungla, lo cual no era un movimiento popular.

Nueva Zelanda también era un dominio que quería territorio. Considerando su pequeño tamaño, Nueva Zelanda había enviado un gran contingente para luchar en Europa, y por sus problemas, quería a la Samoa Alemana. Ellos también se enfrentaron en una guerra de palabras con Wilson, pero nada tan dramático como la gran respuesta de Hughes. Al final, Nueva Zelanda obtuvo el control de las islas.

Sudáfrica

Cuando la gente piensa en el final de la Primera Guerra Mundial, frecuentemente piensa en los Catorce Puntos de Woodrow Wilson y la Sociedad de Naciones, otra idea wilsoniana, pero lo que la mayoría no sabe es que después de que Wilson anunciara sus Catorce Puntos y mencionara una "asociación general de naciones" en un discurso ante el Congreso en enero de 1918, no los concretó de ninguna manera real hasta que llegó a París.

Los otros líderes aliados escucharon el discurso, y dándose cuenta de su importancia, se apresuraron a desarrollar algunas ideas propias antes de que pudieran tener algo simplemente impuesto por Wilson cuando se reunieron. Los británicos crearon un extenso comité y los franceses, que no estaban tan impresionados por el idealismo de Wilson y estaban decididos a seguir su propio camino tanto como fuera posible después del baño de sangre que experimentaron, crearon un pequeño grupo.

Otro hombre se encargó de concretar las ideas de Wilson. Este fue el Mariscal de Campo Jan Smuts de Sudáfrica, que era otro Dominio del Reino Unido. Smuts, que también desempeñaría un importante papel de consejero en la Segunda Guerra Mundial, era un hombre brillante. Había capturado literalmente a Winston Churchill en la guerra de los bóeres entre los sudafricanos británicos y holandeses en 1899 (más tarde se convirtieron en rápidamente en amigos). Smuts, la figura preeminente de la política sudafricana, fue el comandante de las fuerzas británicas en África Oriental en la Primera Guerra Mundial y luego fue nombrado miembro del Gabinete de Guerra Imperial británico.

Smuts desarrolló un plan para una fuerte Sociedad de Naciones, que a Wilson le gustó y se apropió de mucho de cuando elaboró su propio plan más concreto. Smuts también trató de incorporar los idealistas Catorce Puntos de Wilson en las conversaciones de paz de París y el Tratado de Versalles, con varios niveles de éxito.

Sin embargo, a pesar de los sentimientos de la Sociedad de Naciones y de los Catorce Puntos, Smuts seguía queriendo territorio para la Unión de Sudáfrica, el nombre oficial de su país. El territorio que quería era la actual Namibia, que había sido una colonia alemana durante años. Al final, Smuts y Sudáfrica se convirtieron en el "poder obligatorio" que esencialmente mantuvo el control de Namibia hasta 1990.

Bélgica

El Tratado de Versalles no fue un solo documento, aunque el 28 de junio de 1919, que fue el quinto aniversario del asesinato del archiduque austriaco Francisco Fernando, el acontecimiento que inició la guerra, se firmó el documento principal, esencialmente perteneciente a Alemania. No, las conversaciones sobre el final de la Primera Guerra Mundial y la condición del mundo después de la guerra se prolongaron durante algún tiempo y produjeron un gran número de otros documentos, la mayoría de ellos relativos a las fronteras y los armamentos.

Los hombres en París estaban esencialmente tratando de rehacer el mundo, y sus conversaciones abarcaban muchos temas y se referían a muchas tierras, demasiadas para este breve libro introductorio. Sin embargo, una última nación y sus deseos de posguerra deben ser mencionados aquí: Bélgica.

Bélgica fue invadida por los alemanes en su camino a Francia, y la mayor parte de Bélgica permaneció bajo ocupación alemana durante toda la guerra. Aunque los alemanes de la Primera Guerra Mundial eran angelicales comparados con los nazis de la Segunda Guerra Mundial, Bélgica no lo tuvo fácil. La propaganda aliada (en su mayoría británica y dirigida principalmente a involucrar a los EE. UU. en la guerra) exageró los crímenes alemanes en Bélgica, pero todos llamaron a la invasión de Bélgica la "Violación de Bélgica", y era un nombre apropiado. Bélgica no participó en la competencia y el odio entre Francia y Alemania. Quería permanecer neutral en cualquier confrontación entre ambos, pero cuando Alemania la invadió, no pudo. El nombre dado a la invasión alemana no solo refleja la "inocencia" de Bélgica en la rivalidad entre Francia y Alemania, sino también los crímenes que se produjeron durante la ocupación, y la agresión sexual de las mujeres y niñas belgas fue definitivamente parte de ello.

Bélgica también era, por su tamaño, un país rico. Controlaba la actual República Democrática del Congo, un inmenso territorio en el corazón del centro-sur de África. El Congo era rico y estaba estratégicamente situado, y Bélgica, aparte de su sufrimiento durante la ocupación, estaba decidida a ser tratada como una potencia mundial, lo cual no era así. (Como un comentario al margen, debe recordarse que la "inocente" Bélgica había cometido las peores atrocidades en su ocupación del Congo en el siglo XIX).

Considerando que muchos en Inglaterra y Francia usaron a Bélgica como un grito de guerra en su esfuerzo bélico, sorprenderá a muchos que Bélgica fuera esencialmente ignorada en la Conferencia de Paz de París. Recibió el control de la antigua colonia alemana de Rwanda, que mantuvo hasta 1962, una porción de territorio controlado por Alemania que sigue siendo parte de Bélgica hoy en día, y una pequeña porción de una concesión alemana en China. Básicamente a Bélgica se le dijo: "Aquí. Toma esto. Ahora vete".

Capítulo 5– Los catorce puntos

Antes de seguir adelante, hay que examinar los catorce puntos de Woodrow Wilson, ya que cualquier discusión sobre el Tratado de Versalles y de cómo surgió debe incluirlo. Los Catorce Puntos formaban una base sobre la que se podía construir el Tratado de Versalles, o eso pensaban Wilson y muchos americanos. Debido a lo que siguió y a la naturaleza del producto final de la Conferencia de Paz de París (el Tratado de Versalles), los Catorce Puntos han adquirido una mala reputación. Son vistos como un sueño idealista de un hombre cuya experiencia real en el mundo de la política exterior y en cómo funcionaba el mundo era virtualmente nula.

La gente, en ese momento y desde entonces, también ha visto a Wilson como un reflejo de las opiniones de América en su conjunto, y en su mayor parte, esto es cierto. Hay que recordar que cuando estalló la guerra, los Estados Unidos estaban decididos a permanecer neutrales, y la relación entre Gran Bretaña y los EE. UU. no era tan fuerte como lo fue después de la Primera Guerra Mundial. Los americanos sospechaban del Reino Unido y desaprobaban su control imperial de gran parte del mundo. Después de todo, los EE. UU. habían sido una vez parte de ese imperio, y lo que muchos llamaron la Segunda Revolución Americana (la guerra de 1812) no estaba tan lejos en el pasado. El idealismo era parte de la psique americana, y no solo la Revolución americana se había basado en esos ideales, sino también la guerra civil.

América también se irritó por el control británico de gran parte del comercio mundial. Los EE. UU. era la potencia en ascenso, y en la mente de muchos estadounidenses, necesitaban que Gran Bretaña "se quitara de en medio". Los Estados Unidos, al unirse a la guerra contra la imperial y autoritaria Alemania, habían venido al rescate del viejo mundo, y no iban a dejar que volviera a los comportamientos que los habían llevado a la Primera Guerra Mundial en primer lugar.

Entonces, ¿cuáles eran los catorce puntos? Aquí están, en su totalidad:

> I. Pactos abiertos de paz, alcanzados abiertamente, después de los cuales no habrá ningún tipo de entendimiento internacional privado, sino que la diplomacia procederá siempre con franqueza y a la vista del público.
>
> II. Libertad absoluta de navegación en los mares, fuera de las aguas territoriales, tanto en la paz como en la guerra, salvo que los mares puedan cerrarse total o parcialmente por la acción internacional para la aplicación de pactos internacionales.
>
> III. La eliminación, en la medida de lo posible, de todas las barreras económicas y el establecimiento de una igualdad de condiciones comerciales entre todas las naciones que consientan en la paz y se asocien para su mantenimiento.
>
> IV. Garantías adecuadas dadas y tomadas de que los armamentos nacionales se reducirán al punto mínimo compatible con la seguridad nacional.
>
> V. Un ajuste libre, abierto y absolutamente imparcial de todas las reivindicaciones coloniales, basado en la estricta observancia del principio de que en la determinación de todas esas cuestiones de soberanía los

intereses de las poblaciones afectadas deben tener el mismo peso que las reivindicaciones equitativas del gobierno cuyo título se va a determinar.

VI. La evacuación de todo el territorio ruso y la solución de todas las cuestiones que afectan a Rusia asegurarán la mejor y más libre cooperación de las demás naciones del mundo para obtener para ella una oportunidad sin trabas ni vergüenzas para la determinación independiente de su propio desarrollo político y política nacional y le asegurarán una sincera bienvenida a la sociedad de naciones libres bajo las instituciones que ella misma elija, y más que una bienvenida, asistencia también de todo tipo que pueda necesitar y desear. El tratamiento concedido a Rusia por sus naciones hermanas en los meses venideros será la prueba de fuego de su buena voluntad, de su comprensión de sus necesidades, que se distinguen de sus propios intereses, y de su empatía inteligente y desinteresada.

VII. Bélgica, todo el mundo estará de acuerdo, debe ser evacuada y restaurada, sin ningún intento de limitar la soberanía de la que goza en común con todas las demás naciones libres. Ningún otro acto servirá para restaurar la confianza de las naciones en las leyes que ellas mismas han establecido y determinado para el gobierno de sus relaciones mutuas. Sin este acto de recuperación, toda la estructura y la validez del derecho internacional se verán afectadas para siempre.

VIII. Todo el territorio francés debe ser liberado y las porciones invadidas restauradas, y el mal hecho a Francia por Prusia en 1871 en el asunto de Alsacia-Lorena, que ha perturbado la paz del mundo durante casi cincuenta años, debe ser reparado, a fin de que la paz pueda ser nuevamente asegurada en interés de todos.

IX. El reajuste de las fronteras de Italia debe efectuarse a lo largo de líneas de nacionalidad claramente reconocibles.

X. Los pueblos de Austria-Hungría, cuyo lugar entre las naciones deseamos ver salvaguardado y asegurado, deben tener la oportunidad más libre de un desarrollo autónomo.

XI. Se debe evacuar a Rumania, Serbia y Montenegro; se deben restaurar los territorios ocupados; se debe conceder a Serbia un acceso libre y seguro al mar; y las relaciones de los diversos Países Balcánicos entre sí deben ser determinadas por un consejo amistoso según líneas de lealtad y nacionalidad históricamente establecidas, y se deben establecer garantías internacionales de la independencia política y económica y la integridad territorial de los diversos Estados balcánicos.

XII. La parte turca del actual Imperio otomano debería tener garantizada una soberanía segura, pero las demás nacionalidades que ahora están bajo el dominio turco deberían tener garantizada una indudable seguridad de vida y una oportunidad de desarrollo autónomo absolutamente intacta, y Los Dardanelos deberían abrirse permanentemente como paso libre a los barcos y al comercio de todas las naciones bajo garantías internacionales.

XIII. Se debe erigir un Estado Polaco independiente que incluya los territorios habitados por poblaciones indiscutiblemente polacas, a las que se debe asegurar un acceso libre y seguro al mar, y cuya independencia política y económica e integridad territorial deben estar garantizadas por un pacto internacional.

XIV. Se debe formar una asociación general de naciones bajo pactos específicos con el propósito de ofrecer garantías mutuas de independencia política e integridad territorial tanto a los estados grandes como a los pequeños.

Los Catorce Puntos se convirtieron en la base de la Conferencia de Paz de París por varias razones. Los franceses y los británicos, aparte de querer castigar a Alemania (aunque diferían, ya que Francia quería un tratado más severo) y cortar rebanadas de su imperio, no tenían realmente un plan integral para poner fin a la guerra y establecer la paz. Recuerden, los alemanes no se rindieron, al menos oficialmente; simplemente se acercaron a Wilson para una tregua. Desafortunadamente para los alemanes, no estaban en posición de resistir si los términos del tratado final eran inaceptables, lo que resultó ser el caso.

En el tiempo transcurrido desde la Primera Guerra Mundial, el plan de Wilson ha sido objeto de un intenso escrutinio. ¿Hubiera sido mejor conseguir los Catorce Puntos si las potencias europeas victoriosas no hubieran estado tan ansiosas de alterarlos a su favor o de ignorarlos? ¿Era el plan de Wilson demasiado idealista? ¿Demasiado general? Sin embargo, los Catorce Puntos fue el único plan concreto presentado cuyo objetivo era construir no solo el fin de la guerra, sino mantener la paz. También era una clara declaración de los ideales americanos. Wilson y los Estados Unidos habían estado bajo una gran presión para unirse a los Aliados desde el día en que comenzó la guerra. Wilson y la mayoría de los americanos en el gobierno y fuera de él recordaron el llamamiento de George Washington a las generaciones futuras en su discurso de despedida para no involucrarse en las guerras europeas y sus alianzas, que tan a menudo arrastraban a las naciones a la guerra en contra de sus mejores intereses. Hasta la Primera Guerra Mundial, el llamamiento de Washington era casi literalmente "evangelio" para los políticos americanos.

En 1914 y hasta la entrada de América en la guerra, la mayoría de los americanos creían que los EE. UU. debían mantenerse al margen del conflicto. Muchos de ellos albergaban un gran desdén por cualquier cosa europea, aunque la mayoría creía que Alemania, Austria-Hungría y el Imperio otomano eran los agresores.

Sin embargo, había porciones considerables de la población de EE. UU. que deseaba ver a América entrar en la guerra en el lado aliado. Los Aliados representaban la democracia, Gran Bretaña, después de todo, era el país con el que EE. UU. compartía gran parte de su cultura y, por supuesto, su idioma, Francia había ayudado a EE. UU. durante la Revolución Americana, y millones de italianos venían a EE. UU. a principios del siglo XX, uniéndose a los que ya estaban allí.

Por otro lado, había millones de germano americanos y una porción considerable de las nacionalidades que conformaban el Imperio austro-húngaro, sin embargo, el número de inmigrantes turcos a los EE. UU. era pequeño y sigue siéndolo hoy en día. Y por último, estaban los irlandeses-americanos, muchos de los cuales habían estado en el país durante siglos y otros que comenzaron a llegar en oleadas en el decenio de 1840, debido a la gran hambruna de la patata, que mató a cientos de miles de personas. Como tal, la mayoría de los irlandeses-americanos no tenían ningún amor por Gran Bretaña y los ingleses que habían mantenido a Irlanda como una colonia durante cientos de años.

Cuando los Estados Unidos entraron en la guerra como resultado de los pasos en falso de los alemanes y de la muy exitosa propaganda británica, Wilson estaba decidido a que fuera una cosa de una sola vez y que América, como nueva potencia en ascenso en el mundo, usaría todo el poder a su alcance, tanto real como potencial, para asegurar que los Estados Unidos no se vieran arrastrados a otra guerra europea. Para ir más lejos, Wilson pretendía que sus Catorce Puntos (y su Sociedad de Naciones) fueran la base para terminar la guerra para siempre.

Cada uno de los catorce puntos tocó un tema que Wilson y muchos otros sintieron que había sido responsable de iniciar o contribuir al inicio de la guerra o de prolongarla.

El primer punto, resumido como "pactos abiertos, alcanzados abiertamente", refleja la preocupación de Wilson y de América de que durante demasiado tiempo las grandes potencias europeas habían negociado en secreto, dividiendo el botín de guerra de manera que solo traería más problemas o causaría más guerras. Esto también se relaciona con un punto posterior, el número cinco, relativo a las "reivindicaciones coloniales", que se ha conocido más comúnmente como "autodeterminación de los pueblos". Al llegar abiertamente a acuerdos sin cláusulas secretas, se esperaba que, entre otras cosas, las numerosas minorías del mundo vieran que las grandes potencias trabajaban para reconocer sus necesidades.

El punto dos, relativo a la "libertad de los mares", estaba ligado al punto tres, que trataba de la "libertad de comercio". Durante demasiado tiempo, las potencias europeas habían dominado los mares y restringido el comercio cuándo y dónde querían, y aunque no se mencionó abiertamente, este punto estaba claramente dirigido a Gran Bretaña, que todavía, en 1919, tenía la marina y la flota comercial más poderosa del mundo.

El cuarto punto, que trataba sobre los armamentos, parecía bastante obvio para todos después de la guerra. Si las naciones solo conservaran suficientes armas y hombres para defenderse, las guerras nunca comenzarían. Este es probablemente el más idealista de los catorce puntos de Wilson, y aunque hoy en día quizás nos riamos de él, fue muy popular en una época en la que el pacifismo como fuerza política era poderoso, ya que la gente deseaba evitar que se repitieran las pérdidas de la Primera Guerra Mundial en el futuro.

El cuarto punto, que trataba de los armamentos, parecía bastante obvio para todos después de la guerra. Si las naciones solo conservaran suficientes armas y hombres para defenderse, las guerras nunca comenzarían. Este es probablemente el más idealista de los catorce puntos de Wilson, y aunque hoy en día podamos reírnos de él, fue muy popular en una época en la que el pacifismo como fuerza política era poderoso, ya que la gente deseaba evitar que se repitieran las pérdidas de la Primera Guerra Mundial en el futuro.

El punto cinco, junto con los términos dados a Alemania en el Tratado de Versalles, era el principal problema. La idea detrás del punto cinco era que las personas, es decir, los grupos de personas, generalmente definidos como etnias, pero también como personas que desean unirse detrás de una causa política, tenían derecho a su independencia, lo que significa no más colonias o imperios. Vamos a volver al punto cinco más adelante, porque las cuestiones planteadas en este punto fueron fundamentales para el futuro del mundo.

Los puntos del seis al trece trataban de los problemas y fronteras de Rusia, Polonia y los antiguos Imperios austro-húngaro y otomano. Estos puntos iban de la mano con el punto cinco, ya que las cuestiones de cómo las fronteras de estos territorios, antiguos imperios, iban a tener un efecto directo en el mundo posterior a la Primera Guerra Mundial y el comienzo de la Segunda Guerra Mundial.

Finalmente, el decimocuarto punto pedía lo que se conoció como la Sociedad de las Naciones, que Wilson visualizó como una organización de gobiernos de todo el mundo en la que las naciones pudieran ventilar pacíficamente sus quejas y, con suerte, encontrar soluciones a sus problemas. Georges Clemenceau resumió el sentimiento de muchos, especialmente de las grandes potencias del mundo, cuando dijo: "Me gusta la Sociedad, pero no creo en ella", lo que significaba que era una gran idea, pero que probablemente nunca funcionaría. Muchos europeos se sentían de la misma manera, querían una forma diferente de tratar con los demás, pero eran escépticos de que esto llegara a suceder. Las potencias más pequeñas y las naciones que aún no lo eran como tal, como Polonia, amaban a la Sociedad, al menos al principio, porque les daba la oportunidad de presentar sus casos al resto del mundo sin la amenaza de la guerra.

Lo que Wilson no se dio cuenta, o lo que eligió ignorar, fue que la Sociedad no tenía un poder real para hacer cumplir sus decisiones a menos que las naciones del mundo eligieran hacerlo. Aunque algunos propusieron una "fuerza de policía internacional" o un "ejército de pacificadores", estos planes nunca llegaron a salir del bosquejo. Al final, las naciones se comportarían como la gente se comportaba. Si les convenía usar la fuerza, y las probabilidades de que salieran victoriosos eran lo suficientemente altas, entonces las naciones usarían la fuerza, especialmente si no había consecuencias.

Aun así, a pesar de todas sus flagrantes debilidades y del hecho de que nadie en el momento de la Conferencia de Paz de París tenía una idea real de cómo sería su estructura, Wilson se aferró a la Sociedad como lo más importante de su plan y lo que más deseaba en los acuerdos finales de la Conferencia de Paz de París.

Woodrow Wilson era un estudiante de historia. En cierto modo, no era muy buen estudiante, pero conocía la historia política americana. Por ejemplo, los Padres Fundadores de los Estados Unidos habían mantenido deliberadamente la Constitución de los EE. UU. vaga en muchos puntos con el fin de mantenerla flexible con el paso del tiempo y permitir a los estados mantener ciertos poderes para sí mismos. Wilson, cuando se le preguntó sobre la falta de estructura de la Sociedad en sus ideas, discursos y artículos, a menudo respondía en términos que daban la impresión de haber dejado intencionadamente una estructura bastante vaga. Las naciones podían negociar esto en la propia Sociedad, y además, cómo iba él, o cualquier otra persona, a saber qué problemas podrían surgir en el futuro, cómo pensaban los Padres Fundadores, qué era mejor dejar a las generaciones venideras

Tal vez la vaguedad de Wilson fue intencional o tal vez solo estaba encubriendo su propia falta de ideas específicas, pero si la Sociedad iba a ser la única cosa en la que Wilson insistió en estar en el tratado final, hizo una cosa para asegurarse de que estaba condenada a fracasar: se aseguró, por su arrogancia, que los Estados Unidos nunca fuera un miembro de la Sociedad de las Naciones.

Como mencionamos antes, el séquito de Wilson no incluía a su oposición, los republicanos. Por supuesto, los republicanos querían ser incluidos en el séquito de Wilson. En una democracia, la oposición debería al menos tener voz en los asuntos nacionales, pero Wilson los había excluido completamente. No quería que nadie contradijera sus ideas, especialmente públicamente, mientras estaba en París. Este era el momento de Wilson, y no iba a compartirlo con nadie.

Tal vez Wilson creía que su trabajo sería más difícil si tenía que negociar con los republicanos mientras estaba en París, pero iba a tener que negociar con ellos en algún momento. Incluso si volvía de Francia con el tratado perfecto, los republicanos, con sus propios intereses políticos, iban a tener que oponerse a él en algunas cosas. Al no incluirlos en absoluto, Wilson se aseguró de que se opusieran a él prácticamente en todo. Además, los demócratas conservadores, especialmente de los distritos electorales irlandeses y alemanes, también estaban obligados a oponerse a él. Wilson se opuso incluso a pequeños cambios, aunque los republicanos aceptaron la idea general de la Sociedad de Naciones y el Tratado de Versalles.

Mucha gente alrededor del mundo sabía que los Estados Unidos era *la* potencia emergente, y que sin ella, la Sociedad estaba probablemente condenada a fracasar.

Capítulo 6 – El mapa desordenado y la gente de Europa

Si usted es europeo, lo que sigue será probablemente de conocimiento común, pero para muchos americanos que no están familiarizados con el mapa y la gente del continente europeo, podría ser una sorpresa saber que dentro de muchas de las naciones de Europa, hay muchas minorías con diferentes orígenes, culturas e idiomas.

Por ejemplo, tomemos Bélgica. La propia Bélgica se compone principalmente de dos grupos étnicos, los flamencos, que viven principalmente en el norte del país y que hablan holandés, y los valones, que viven en el sur y hablan francés. Incluso desde la Segunda Guerra Mundial, ha habido momentos en los que grandes porciones de cada una de estas poblaciones han querido tener su propia nación. Además, en la parte sudeste del país, que abarca el Bosque de las Ardenas de la famosa Segunda Guerra Mundial, muchas de las personas hablan alemán, y recientemente se han aprobado leyes que permiten a las escuelas de esa parte del país enseñar en alemán.

En Escandinavia, las zonas fronterizas de Suecia y Finlandia tienen poblaciones mixtas. En algunas zonas de Suecia, muchas personas hablan finlandés, y viceversa. En toda Escandinavia, el pueblo sami (antes conocido por muchos como "lapones") es un grupo completamente distinto de personas con un idioma único y que, hasta hace muy poco, se ganaban la vida con el pastoreo de renos.

Cuando se llega a Europa del Este y a la parte occidental de Rusia y Ucrania, la situación se vuelve aún más confusa. Debido a las guerras, la política, las economías, las culturas, la geografía y mucho más, los grupos étnicos de Europa del este se mezclaron (y hasta cierto punto todavía lo están).

Hoy en día, en Ucrania se está librando una guerra entre las etnias rusas y ucranianas por la parte oriental de ese país. En los estados bálticos de Lituania, Letonia y especialmente Estonia, los rusos son una minoría considerable, y muchos de ellos se sienten perseguidos. Checoslovaquia, que se formó después de la Primera Guerra Mundial, se dividió en 1993 a causa de los desacuerdos entre los checos y los eslovacos. En el norte de España y el sur de Francia, los vascos, que muchos genetistas creen que son los primeros pueblos europeos distintos, son minorías y hasta hace poco participaban en una lucha de guerrillas de bajo nivel por una mayor autonomía e independencia, especialmente en España. Los catalanes de España protestaron recientemente por más autonomía, y las protestas fueron reprimidas. Y esto solo describe a la Europa de hoy. Imaginen cómo era en 1918, 1919 y 1920 después de la Primera Guerra Mundial y la Revolución Rusa. Imagine lo sangriento y violento que fue, especialmente, porque los valores de la época eran un poco diferentes y los medios de comunicación eran mucho más primitivos, con información e imágenes restringidas.

Una de las nuevas naciones que salieron de la Primera Guerra Mundial fue Polonia. Desde mediados a finales de 1700, lo que conocemos como Polonia (aunque con diferentes fronteras) se dividió entre Prusia, Austria-Hungría y Rusia. Previo a esto, Polonia era un gran imperio. Junto con la entonces poderosa Lituania, controlaba los estados bálticos y gran parte del oeste de Rusia y Ucrania. Solo dentro de esa zona, las rivalidades étnicas (una forma educada de decir "odio") eran fuertes, ya que cada grupo tenía un historial de opresión del otro. De 1919 a 1920, Polonia se reformó como nación, y una de las cosas que la nueva Polonia hizo de inmediato fue invadir Rusia y Ucrania en un intento de apoderarse de la mayor cantidad de territorio posible antes de que el Tratado de Versalles y sus tratados subsidiarios lo hicieran mucho más difícil.

Cuando los bolcheviques llegaron al poder, firmaron el Tratado de Brest-Litovsk con los alemanes, que le dio a Alemania toda Ucrania y una gran parte de Rusia occidental. Mucha gente señala este tratado draconiano que Alemania forzó a Rusia como una excusa para el Tratado de Versalles. Lo importante aquí es que cuando Alemania fue derrotada, existía un vacío de poder en esas áreas, y Polonia se apresuró en llenarlo, y lo hicieron hasta 1922 cuando fueron expulsados por la resurgente Unión Soviética.

Todo el episodio estuvo lleno de violencia del tipo más brutal. Los vecinos se volvieron contra los unos con los otros en formas increíblemente salvajes, casi como si estuvieran promulgando "venganza" por años de opresión intercambiable, real e imaginaria.

Este es solo un ejemplo de lo que Wilson intentaba evitar con sus Catorce Puntos. Problemas similares ocurrieron en Checoslovaquia, Hungría, Rumania, Bulgaria, Grecia y Yugoslavia (que era un país nuevo en ese momento). A su favor, Wilson y los hombres de la Conferencia de Paz de París trataron de lidiar con estos problemas lo mejor que pudieron. No fue fácil, y no le gustó a todo el mundo, pero es probable que no haya podido ser así.

Del Imperio austro-húngaro salieron un montón de nuevas naciones, como Checoslovaquia, Hungría y Yugoslavia.

En Checoslovaquia surgió una exitosa democracia parlamentaria y durante un tiempo, las rivalidades étnicas entre los dos grupos principales se dejaron de lado, al menos hasta cierto punto. Sin embargo, un tercer grupo se convertiría en uno de los problemas más polémicos a los que se enfrentaron a finales del decenio de 1930. Se trataba de la considerable minoría de habla alemana en el extremo noroeste de Checoslovaquia, los alemanes de los Sudetes, llamados así por las montañas de los Sudetes donde vivían muchos de ellos.

Habiendo sido el grupo dominante durante siglos, en lo que se convirtió en Checoslovaquia los alemanes estaban ahora en el fondo. Los viejos resentimientos volvieron y, entre otras cosas, la lengua alemana fue suprimida, al menos en las escuelas y en la política y los medios de comunicación. A su vez, se formaron más resentimientos.

Los húngaros habían tenido una autonomía sustancial bajo la familia gobernante austriaca de los Habsburgo, pero se irritaron durante muchos años por su propia nación o reino. Después de la Primera Guerra Mundial, esto se convirtió en una realidad, aunque vino con algunos cambios importantes y desagradables si eras húngaro. En la zona comprendida entre Hungría y Rumania, las poblaciones estaban relativamente entrelazadas: los húngaros vivían en zonas de mayoría rumana y viceversa. Los húngaros que vivían en Rumania eran discriminados en cierta medida, al igual que los rumanos, pero se evitaron los peores excesos, al menos dentro del Imperio (austrohúngaro) de los Habsburgo, ya que fueron suprimidos por las leyes y la policía.

Cuando terminó la Primera Guerra Mundial, las grandes potencias de la Conferencia de Paz de París movieron las fronteras de Rumania y Hungría. Esto se hizo en parte como un "castigo" contra los húngaros y en parte para atender las quejas de la antigua minoría rumana de la zona. Rumania creció en tamaño, mientras que Hungría se redujo, y no solo un poco, y muchos húngaros se encontraron ahora viviendo en Rumania.

El territorio de Alsacia-Lorena fue devuelto a Francia, pero como muchos reconocieron en ese momento, la mayoría de los habitantes no querían ser franceses. Hasta cierto punto, Clemenceau y la prensa francesa tenían razón: la mayoría de las etnias francesas habían sido expulsadas de la zona durante la guerra. La gente que quedaba era alemana y, por supuesto, quería pertenecer a Alemania. "Pero", dijo Clemenceau y todos los demás franceses, "era Francia". En 1940,

Hitler reasignaría el área a Alemania. Cuando terminó la Segunda Guerra Mundial, Francia la recuperó, y aún hoy sigue siendo francesa, con muy pocos alemanes en ella.

Como se puede ver, el Imperio austro-húngaro se había desintegrado en los últimos días de la guerra. El imperio había luchado contra los rusos, los serbios, los italianos y los rumanos. Las bajas eran altas y la unidad del reino, ya frágil al comienzo de la guerra, se desmoronó en el otoño de 1918. Desde entonces, los pueblos que poblaron el imperio intentaron establecer sus propios gobiernos y sus propias fronteras. En el momento de la Conferencia de Paz de París en 1919, los límites de lo que se convertiría en Yugoslavia ya estaban completamente establecidos, que fue una de las razones por las que los italianos no consiguieron el territorio en el lado occidental del Adriático que querían.

Desafortunadamente, para las muchas personas que formaban Yugoslavia, la potencia dominante era Serbia. Este no es el lugar para rememorar el comienzo de la Primera Guerra Mundial, pero tomemos un momento para resumir brevemente, porque Serbia y el Imperio austro-húngaro es donde comenzó.

En 1914, Serbia era un reino independiente sin litoral. Como muchas otras naciones europeas de la época, uno de sus principales intereses era ganar más territorio. Desafortunadamente para Serbia, su mayor y más cercano vecino era una potencia mundial, Austria-Hungría.

Muchos serbios dentro del gobierno, y especialmente en el ejército, tenían la idea de que todos los pueblos eslavos que vivían en los Balcanes debían estar unidos bajo la bandera serbia. "Yugoslavia" significa literalmente "tierra de los eslavos del sur", e incluía a croatas, bosnios, montenegrinos y eslovenos. Otros grupos más pequeños, como los albaneses y los macedonios eslavos, también estaban allí.

Los austro-húngaros se resentían por el "agujero" en su imperio: Serbia. Y también tenían una idea general de los otros grupos mencionados anteriormente. Para ellos, Serbia era una molestia, y los militares austro-húngaros tenían la intención de lidiar con ella. Solo necesitaban una excusa que un grupo secreto dentro del ejército serbio les proporcionó.

La Mano Negra, como se llamaba este grupo secreto, encontró tres nacionalistas serbios dispuestos y no demasiado brillantes para llevar a cabo el asesinato del archiduque austriaco Francisco Fernando. Cuando él, junto con su esposa Sofía, fue asesinado el 28 de junio de 1914, la serie de eventos que llevaron a la Primera Guerra Mundial se puso en marcha. Observen que Alemania no se menciona en ninguno de los párrafos anteriores.

Durante la guerra, croatas y bosnios lucharon en el ejército austrohúngaro, mientras que los serbios lucharon contra él. Muchos croatas y bosnios, así como otros grupos étnicos, no querían luchar por Austria, pero muchos de ellos tampoco querían ser dominados por los serbios, a los que odiaban, sobre todo, pero no exclusivamente, por razones religiosas. Los serbios eran ortodoxos orientales, mientras que los croatas eran católicos y muchos bosnios musulmanes. Tampoco había amor perdido entre los croatas y los musulmanes bosnios. Otro grupo étnico, los albaneses, ocupaban una región llamada Kosovo, que los serbios creían que era su patria ancestral. En pocas palabras, los serbios odiaban a los albaneses de Kosovo, al igual que los albaneses despreciaban a los serbios. En el mapa de abajo, se puede ver la mezcla religiosa y étnica de los Balcanes (incluyendo Grecia) en los años anteriores a la Primera Guerra Mundial.

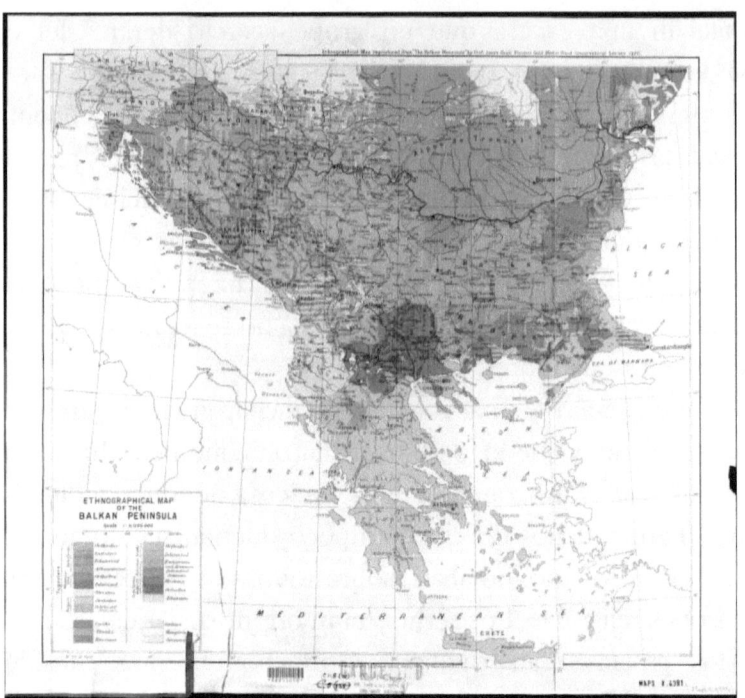

Como se puede ver, había una razón por la que muchos diplomáticos y políticos llamaban a la península balcánica un "polvorín" y estaban convencidos de que una guerra general europea comenzaría allí, lo que obviamente ocurrió. En el noroeste estaba el Imperio de los Habsburgo (austro-húngaro). En el noreste estaba Rusia, y en el sureste, y a veces ocupando la región, estaba el Imperio otomano musulmán. Durante siglos, los Balcanes habían sido un campo de batalla, y el odio era muy, muy profundo.

Aun así, a pesar de toda la animosidad, mucha gente creía que si las etnias de lo que se convirtió en Yugoslavia podían unirse bajo un solo gobierno, podría haber una oportunidad de una paz duradera. Además, si estas naciones estuvieran unidas, en lugar de existir como entidades débiles separadas, podrían ser más capaces de protegerse de sus poderosos vecinos, fueran quienes fueran.

Lamentablemente, para los croatas y otros grupos, muchos de los cuales querían un gobierno más representativo, eran los serbios quienes dominaban la región. Tenían un ejército y un gobierno ya existentes, y eso era suficiente para que tomaran el poder. En 1919, cuando los Tres Grandes convocaron a los grupos de Yugoslavia para verlos en París, habían estado esperando durante semanas, mientras decidían formar su propio gobierno, ya que nadie parecía interesado en ayudarlos, Yugoslavia era un nuevo país con el rey serbio, Pedro I, como jefe de gobierno.

Cuando Wilson, Clemenceau y Lloyd George accedieron a verlos, la única pregunta que quedaba no era si Yugoslavia debía ser un país, sino dónde debían estar sus fronteras. Italia quería una gran porción de tierra costera, como hemos mencionado y esto fue negado, ya que se consideró como demasiado "imperial". El imperialismo estaba bien fuera de Europa, pero no dentro de ella. Además, los eslavos ya habían decidido ir a la guerra si se le daba a Italia alguna tierra en "su" territorio. Así, los Tres Grandes, que se suponía que eran los árbitros de la paz y los colonos de todos los asuntos dentro de Europa, se vieron obligados a reconocer la existencia de Yugoslavia.

En ese momento, la mayoría de los croatas, bosnios y otros grupos más pequeños no se hacían ilusiones sobre cómo podrían ser tratados dentro del nuevo reino. Como se relata en el gran libro de 2001, *París 1919: Seis meses que cambiaron el mundo*, por Margaret MacMillan, la principal diplomática croata de la conferencia, Ante Trumbić, estaba conversando con un diplomático serbio sobre cómo los musulmanes de Bosnia se incorporarían al nuevo país. El diplomático serbio respondió que a los musulmanes se les daría de 24 a 48 horas para convertirse a la ortodoxia (recuerden que los croatas, incluyendo Trumbić, eran católicos) o "Los que no lo hagan, serán asesinados, como hemos hecho en nuestro tiempo en Serbia". Trumbić respondió: "No puedes hablar en serio". A lo que el diplomático serbio respondió: "Bastante en serio".

Por suerte para los de entonces, no hubo conversiones forzadas ni genocidio. Sin embargo, en los años 90, sí que ocurrió. Durante gran parte de la década de 1990, la zona de Europa que antes se conocía como Yugoslavia se vio envuelta en un conflicto genocida. Ese conflicto, si bien es el resultado de un antiguo odio no resuelto, también se puede culpar a lo que los hombres de París hicieron, o mejor dicho, no hicieron.

Por último, se desplazaron las fronteras entre Alemania y Polonia, y poblaciones considerables entraron y salieron. En la siguiente página, verá un mapa que ilustra los cambios en las fronteras de Europa como resultado de la Conferencia de Paz de París, el Tratado de Versalles y el final de la Primera Guerra Mundial.

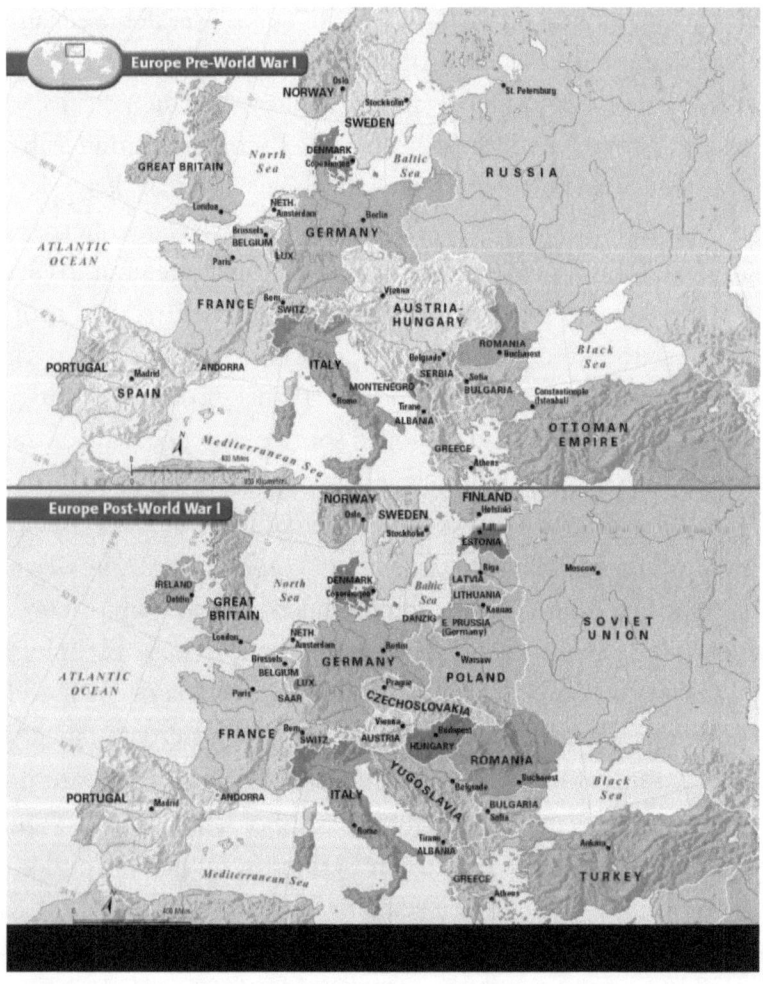

Capítulo 7 – El Medio Oriente

Si miran la esquina inferior izquierda del mapa de arriba, verán que el área etiquetada como "Imperio otomano" en la primera imagen está etiquetada como "Turquía" en la inferior. Debajo de Turquía hay dos nuevas áreas, que finalmente se convirtieron en los países de Jordania y Siria, aunque en 1919-1920, las grandes potencias decidieron que estas áreas y la gente dentro de ellas se convirtieran en "mandatos", que a todos los efectos significa "colonias". Hasta aquí llegó la "autodeterminación de los pueblos".

En el mundo actual, si un político estadounidense o europeo anunciara que cree en la "libre determinación de los pueblos" y luego la siguiera con las palabras "excepto en los casos de", su carrera probablemente terminaría. Cuando Wilson hizo su discurso de los Catorce Puntos y luego agregó sus comentarios, eso es esencialmente lo que hizo. Como muchos de la clase dominante blanca de la época, Wilson (y Lloyd George, Clemenceau y Orlando, entre muchos otros) creía que muchos de los pueblos no blancos del mundo no eran capaces de autogobernarse. Esa es una de las razones por las que fue tan "fácil" para los europeos apoderarse de gran parte del mundo como colonias.

Para las otras dos grandes potencias de los Tres Grandes, la "autodeterminación" de Wilson era solo una frase con la que, por el bien de la opinión pública y para apaciguar a los americanos, tenían que parecer estar de acuerdo. Sin embargo, fueron muy silenciosos en su entusiasmo y muy cuidadosos en la elección de sus palabras cuando se les preguntó sobre ello. Una mirada al mapa del mundo le dirá por qué.

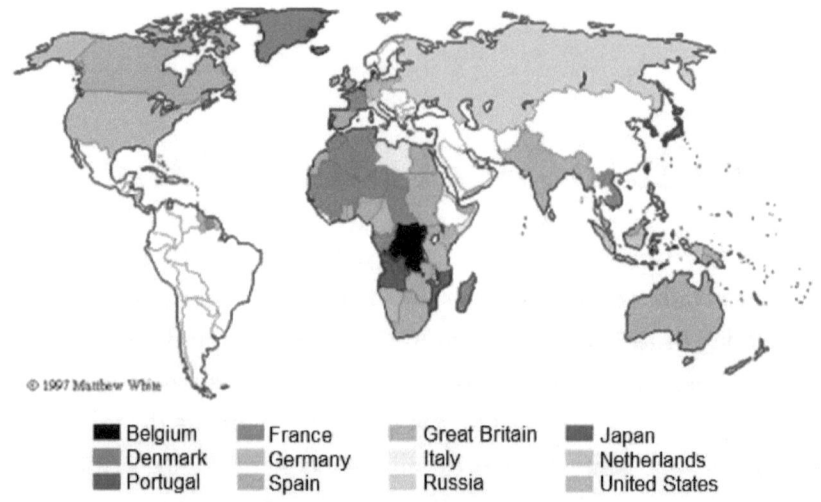

Ilustración 6: Posesiones coloniales a finales de 1800 y principios de 1900. Cortesía de Matthew White

Las posesiones coloniales de Gran Bretaña y Francia por sí solas abarcaban gran parte del mundo. Para los británicos, sus posesiones coloniales eran una cuestión de supervivencia debido al crecimiento de su población y a una economía dependiente de materias primas baratas. Para Francia, especialmente después de la guerra y por el precio que pagó la economía de la nación, sus colonias fueron más importantes que nunca. Tampoco hay que olvidar que, en esa época, las posesiones coloniales eran una marca del prestigio y el poder de una nación, y Francia y Gran Bretaña, aunque aliados en la guerra, no siempre habían sido los mejores amigos.

Podrá notar en el mapa los territorios en blanco. En el caso de China y los países de América Latina, eso indica independencia (aunque China tuvo que ceder porciones de sus tierras como "concesiones" desde la década de 1840). También notará que Etiopía en el África oriental y Liberia en el África occidental son blancas, ya que fueron naciones independientes, junto con Persia y Afganistán. Sin embargo, las áreas de Medio Oriente no eran independientes, como parece indicar el mapa. Esa zona, la actual Arabia Saudita, Jordania, Israel-Palestina y el Líbano, estaba bajo el control de los turcos otomanos, al igual que gran parte de Grecia (en la que algunas zonas habían obtenido la independencia en la década de 1830).

Cuando terminó la Primera Guerra Mundial, el Imperio otomano dejó de existir, disolviéndose oficialmente en 1923. Las luchas internas, la derrota en los campos de batalla y las guerras de guerrillas en sus territorios contribuyeron a su caída. Gran Bretaña y Francia estaban ansiosas por meterse en el vacío creado por la caída de los una vez poderosos otomanos. Estos antiguos territorios otomanos se habían vuelto rápidamente más importantes a principios del siglo XX, y probablemente pueda adivinar porqué: petróleo. Para 1919, el mundo y sus fuerzas armadas estaban impulsados por el petróleo, y los británicos y franceses lo querían para ellos.

En 1919, el Medio Oriente estaba casi tan revuelto etnográficamente como Europa. Aunque, en general, existían grandes comunidades de uno o dos pueblos en particular con sus propias culturas, había muchos grupos étnicos dispersos por todo el antiguo Imperio otomano.

Esto era particularmente cierto en Turquía, donde las zonas costeras occidentales estaban dominadas por los griegos y las partes orientales estaban llenas de armenios, georgianos y otros grupos. Constantinopla, su capital, puede haber sido la ciudad con mayor diversidad étnica del planeta. Turcos, griegos, árabes de todo tipo, judíos, armenios, búlgaros... la lista continúa por bastante tiempo. Cualquier intento de dividir al caído Imperio otomano a lo largo de las líneas étnicas era un desafío, por decir lo menos.

Sin embargo los Aliados lo intentaron. El acuerdo más famoso entre los Aliados fue el Acuerdo Sykes-Picot de 1916, que fue nombrado en honor a los diplomáticos británicos y franceses que ayudaron a forjarlo. Este acuerdo era un protocolo secreto entre británicos y franceses, pero los italianos y rusos (los otros aliados) estaban al tanto de él y eran parte de él también. Cada una de estas naciones, según el acuerdo, debía recibir, ya sea como colonias o como adiciones a su nación (especialmente en lo que respecta a Rusia), grandes trozos del Medio Oriente.

El problema fue que después de la Revolución bolchevique de 1917, el líder comunista León Trotsky hizo público el acuerdo. Por supuesto, esto indignó a los diversos pueblos de la zona, que, después de siglos de dominio otomano, deseaban algún tipo de independencia para sí mismos, y también indignó al presidente Woodrow Wilson, que en ese momento estaba formulando sus Catorce Puntos. El primer punto de Wilson fue una respuesta directa a la publicación del acuerdo Sykes-Picot. En su mente, y en la mente de muchos americanos, los europeos estaban "en ello de nuevo", una vez más dividiendo el mundo entre ellos sin pensar en la gente que vivía allí.

En el antiguo Imperio otomano, en 1919, hubo una serie de factores en juego. En primer lugar, en 1908, un grupo de jóvenes oficiales militares turcos había tomado el poder esencialmente del sultán otomano, quien, a decir verdad, estaba mal equipado para gobernar y fue relevado en cierto modo para no tener que hacerlo más. Estos hombres son conocidos por la historia como los Jóvenes turcos, y llevaron a Turquía al desastre.

Durante siglos, el Imperio otomano practicó un tipo de tolerancia que era rara en muchas partes del mundo. El islam era la religión del estado, pero a los cristianos, judíos y otras religiones minoritarias se les permitían practicar el culto en relativa paz. Pagaban impuestos más altos y tenían que reconocer al islam como la religión del estado, pero en mayor medida, se les dejaba en paz. Los griegos dominaban el comercio en el oeste, los armenios eran consejeros del sultán, y muchos que no eran no turcos servían en el ejército.

Los jóvenes turcos creían que los turcos se estaban convirtiendo en ciudadanos de segunda clase en su propio imperio, y así, comenzaron un pogromo sistemático de discriminación. Esto alcanzó su punto álgido en el genocidio armenio, que tuvo lugar entre 1915 y 1923, en el que se estima que un millón o más de armenios fueron asesinados, murieron de hambre, de enfermedad o de hambruna, o fueron dispersados de sus tierras tradicionales.

Otros grupos étnicos lo vieron y temieron ser los siguientes, y durante la Primera Guerra Mundial hubo levantamientos masivos contra el dominio turco, especialmente en las tierras de la actual Arabia Saudita. Esto se hizo famoso en la película *Lawrence de Arabia* (1962), que muestra al oficial británico T.E. Lawrence ayudando a dirigir una revuelta árabe contra los turcos.

Cuando terminó la Primera Guerra Mundial y los hombres de París se reunieron, cada uno tenía planes diferentes. Un hombre que aún no ha sido mencionado es el Primer Ministro griego Eleutherios Venizelos. Al final de la guerra, Venizelos presionó a los Tres Grandes por un territorio en el oeste de Turquía que creía que era tradicionalmente griego. En cierto modo, tenía razón, pero tenía que volver a la época del Imperio bizantino y la antigua Grecia para demostrarlo. Aun así, los griegos eran una población considerable en el oeste de Turquía y parecía natural que los griegos controlaran la Tracia turca, la parte de Turquía que se encuentra en Europa, pero esto no era suficiente para los griegos, y así, marcharon hacia el oeste-centro de Turquía. De 1919 a 1922, los turcos y griegos lucharon una guerra completamente salvaje que vio no solo la derrota de Grecia, sino también la eliminación de todos los turcos de Grecia y todos los griegos de Turquía. También vio el surgimiento de lo que muchos en Turquía creen que es el mayor turco de todos, Mustafá Kemal, que era conocido como "Kemal Atatürk", que significa "Kemal, padre de los turcos". Atatürk había llevado a los otomanos a la victoria sobre la Fuerza Imperial Británica durante las campañas navales en los Dardanelos durante la Primera Guerra Mundial, que tuvo lugar entre 1915 y 1916. Tras la derrota de los griegos en 1922, centralizó el poder en Turquía y estableció una dictadura sorprendentemente moderna con el objetivo de llevar a Turquía al siglo XX.

La guerra greco-turca no fue la única guerra en la que se derramó sangre. A lo largo del Medio Oriente, diferentes pueblos estaban librando guerras civiles de bajo nivel entre sí, muchas de ellas basadas en la religión.

A finales de 1800, el sionismo se convirtió en un grito de guerra entre los judíos de Europa y del mundo. En pocas palabras, el sionismo pedía el regreso de los judíos a Palestina (como se conocía entonces) y la formación del estado de Israel. Para 1919, miles de judíos habían hecho el viaje a la zona. Las comunidades de judíos se asentaron en varias áreas y eran en su mayoría autogobernadas. El problema era, sin embargo, que estaban rodeados por tribus árabes musulmanas en gran medida hostiles. En otras zonas, los árabes cristianos, que eran una minoría considerable, especialmente en el Líbano, también se sentían amenazados.

Tanto Lloyd George como Wilson eran muy religiosos. Se dieron cuenta de que sin protección, las minorías religiosas en el Medio Oriente podrían ser eliminadas o, al menos, expulsadas. Por esta razón, y por razones relacionadas con el petróleo y para bloquear cualquier movimiento de la nueva Unión Soviética en el Medio Oriente, se acordó que la zona se dividiría en mandatos. Esas zonas serían como colonias, pero se les daría (en algunos casos) cierta autonomía de gobierno o una garantía de que en alguna fecha futura se les daría su propio país.

Los Estados Unidos, en ese momento, eran más que autosuficientes en lo que respecta al petróleo, y la nación ya estaba involucrada en el gobierno de Filipinas y Puerto Rico, además de estar ocupada con asuntos en América Central, por lo tanto, el gobierno de los Estados Unidos no apoyó que su país se involucrara en el Medio Oriente. Las potencias europeas tendrían que ocuparse del Medio Oriente por su cuenta, no es que les importara.

Aunque llevó algún tiempo llegar a acuerdos finales, las fronteras de Medio Oriente acabaron pareciéndose a las del excelente mapa de abajo.

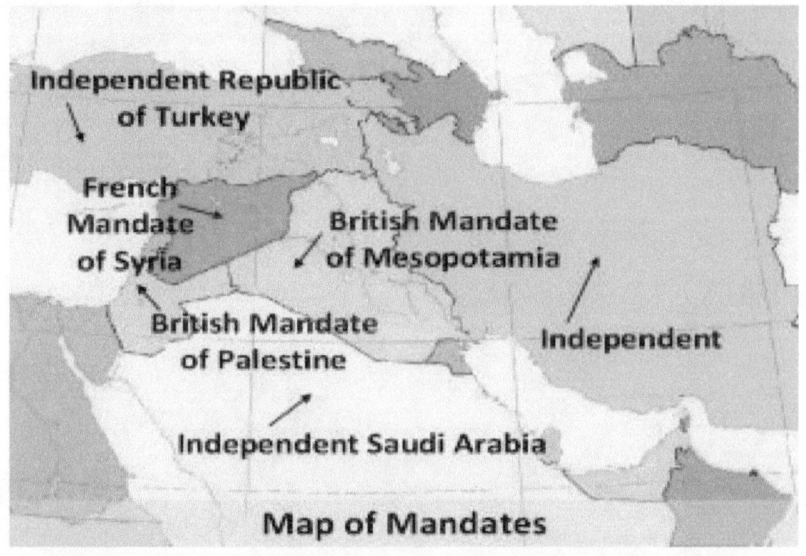

Ilustración 7: Adicionalmente, Egipto era y había sido un protectorado británico, con cierta autonomía para los egipcios. Libia había sido italiana desde 1911, y Argelia, Túnez, y parte de Marruecos eran franceses antes de la guerra. España controlaba la otra parte de Marruecos

En los Estados Unidos, tanto los aliados de Wilson como sus oponentes vieron esto como una traición a sus Catorce Puntos, y creyeron que había sido engañado por los europeos, que simplemente estaban haciendo lo que habían hecho durante siglos. Con el paso de los años, más y más estadounidenses llegaron a ver la participación de EE. UU. en la Primera Guerra Mundial como una mentira para ellos, estaba claro que los europeos no tenían intención de cambiar su comportamiento. Así pues, muchos estadounidenses determinaron que si (o más bien "cuando") los europeos pidieran ayuda, América se ocuparía de sus propios asuntos y dejaría a Europa para librar sus propias batallas. Esta fue una de las principales razones de la fuerza del movimiento aislacionista de finales de los años 30 y principios de los 40.

Capítulo 8 – Alemania

Para entender lo que le sucedió a Alemania al final de la Primera Guerra Mundial y más allá hasta la década de 1930, tenemos que discutir no solo la derrota de Alemania, sino también cómo se involucró Alemania en la guerra. Como sabrán, aunque solo hayan leído las pequeñas menciones en este libro, los británicos, los franceses y, de manera implícita, los Estados Unidos, culparon a Alemania de iniciar la Primera Guerra Mundial.

En el actual Tratado de Versalles, esto se llama "cláusula de culpabilidad de guerra". Oficialmente, este es el artículo 231 del Tratado de Versalles, y era el siguiente: Los Gobiernos Aliados y Asociados afirman y Alemania acepta la responsabilidad de Alemania y sus aliados por causar *todas* [la cursiva del autor] las pérdidas y daños a los que los Gobiernos Aliados y Asociados y sus nacionales han sido sometidos como consecuencia de la guerra que les fue impuesta por la agresión de Alemania y sus aliados.

Puede ver que Alemania es el único país que figura por nombre en la cláusula. Hay dos razones para ello. La primera es que está claro que Alemania estaba siendo llamada por su nombre, culpando solo a los alemanes. Los principales aliados de Alemania, Austria-Hungría y el Imperio otomano, ya no existían (o no existirían mucho más en el caso del Imperio otomano), pero la cláusula podría haber dicho

"Alemania y sus aliados, los antiguos Imperios austro-húngaro y otomano" o algo similar. El último aliado de Alemania, Bulgaria, ni siquiera fue mencionado, ya que era demasiado pequeño y demasiado pobre para importar realmente. Y luego está esa pequeña palabra - "todas". La omisión de esas cinco letras podría haber alterado la historia, al menos hasta cierto punto.

Hay muchas razones para esto. Alemania era la más poderosa de las Potencias Centrales y había infligido mucho más daño a los Aliados que las otras tres. También era la más rica. Históricamente (para Francia de todos modos), Alemania había sido el problema, y los Aliados tenían la intención de resolverlo de una vez por todas.

Sin embargo, a los ojos de la mayoría de los alemanes, Alemania no había comenzado la guerra. Ese honor podía otorgársele a los austro-húngaros o a los serbios. Alemania solo estaba haciendo lo que cualquier otra nación del mundo habría hecho: respaldar a su aliado. Esta simple respuesta es cierta, hasta cierto punto, pero como la mayoría de los asuntos internacionales, el comienzo de la guerra es un poco más complicado que eso.

Ya ha leído cómo militantes con el ejército y la población serbia se las ingeniaron para asesinar al archiduque austriaco Francisco Fernando en Sarajevo, Bosnia, en junio de 1914. El archiduque y su esposa estaban allí para visitar las provincias y mostrar a los bosnios y otros en los Balcanes (especialmente los serbios) que Austria estaba todavía muy involucrada en la política de la zona y que afirmaría su control cuando fuera necesario. Los serbios involucrados con la Mano Negra esperaban que el asesinato del archiduque hiciera ver a los austriacos razonables que los Balcanes eran violentos e ingobernables y que esperaban decidir que era mejor dejarlos en paz. En ese caso, los serbios podrían cumplir el sueño de unir a los eslavos del sur en un reino bajo un rey serbio.

Por supuesto, no sucedió así. Cualquier persona razonable podría haber predicho cuál iba a ser la reacción austriaca. Los serbios mataron al heredero del trono austro-húngaro (no era muy popular en Austria, pero eso no importaba). Considerados ya como uno de los "hombres débiles de Europa", los austriacos no podían permitirse el lujo de no hacer nada, así que dieron a los serbios un ultimátum, una lista de demandas que los serbios debían seguir si querían evitar una guerra.

Más importante aún, el emperador austriaco Francisco José I contactó a su aliado más poderoso, el káiser alemán Guillermo II, antes de la entrega de este ultimátum. En respuesta, Guillermo le dio a Francisco José lo que es infamemente conocido como el "cheque en blanco". Básicamente, Alemania estaría de acuerdo con cualquier cosa que los austro-húngaros decidieran hacer, y los apoyaría sin importar las consecuencias.

Guillermo II sabía muy bien cuáles serían las consecuencias de una guerra en toda Europa. Las exigencias de Austria a Serbia eran tan exageradas que ningún país podía aceptarlas y mantener su independencia. Entre ellas estaba el dar a la policía austriaca carta blanca dentro de Serbia para llevar a cabo una búsqueda de cualquier conspirador y la supresión de cualquier artículo de periódico o libro anti austriaco. Y esos eran solo dos de los artículos del ultimátum. No había forma de que los serbios estuvieran de acuerdo.

Entonces, ¿qué hicieron los serbios? Contactaron con su "hermano mayor", Rusia, que estaba aliada con Francia y Gran Bretaña. El zar Nicolás II aseguró a los serbios que si los austro-húngaros invadían, Rusia movilizaría su enorme ejército e intervendría. Siendo así, los serbios le dijeron a Austria-Hungría que se "desapareciera". Esto desencadenó una reacción en cadena de movilizaciones y movimientos de tropas, en la que cada país había estado esperando una guerra general durante al menos una generación. Aunque hubo muchos otros factores que contribuyeron al inicio de la guerra, incluyendo rivalidades personales entre algunos de los jefes coronados de Europa, así es como comenzó la guerra.

En lo que respecta a las Potencias Centrales, sin embargo, Alemania era la última en pie, y también la más rica.

El problema era que Alemania solo era rica en potencial, no en efectivo o reservas de oro. Esas se habían perdido hace mucho tiempo debido a los gastos realizados durante la guerra, pero incluso si Alemania estaba en bancarrota en 1918-1919, el país en sí no había sido invadido, y su infraestructura y negocios seguían intactos. La población de Alemania en 1920 era de 61 millones de habitantes, lo que representaba una disminución de cuatro millones de víctimas y la pérdida de Alsacia-Lorena, pero seguía siendo significativamente mayor que la de cualquier otro país europeo. Además de eso, su fuerza de trabajo era conocida por ser una de las mejores y más trabajadoras del mundo. Así que los Aliados tendrían que idear un plan para asegurarse de que Alemania pagara por lo que había hecho. Esto vino en forma de "reparaciones" y pagos directos de cualquier tesoro de reserva que Alemania tuviera y de su diligente mano de obra.

Sin embargo, había muchos problemas en torno a Alemania en cuanto a su capacidad y voluntad de pago, algunos de los cuales ya se han mencionado brevemente. Para empezar, la población alemana estaba bajo la creencia, al menos hasta justo antes del final, de que la guerra iba por buen camino o, al menos, bien. Las tropas alemanas seguían ocupando partes de Francia y toda Bélgica, y ninguna tropa extranjera había cruzado a Alemania. Los periódicos decían que los Aliados estaban en las últimas, y aunque las noticias que decían lo contrario entraban en Alemania a través de las tropas de permiso, los periódicos extranjeros entraban de contrabando, y la forma de la vida en Alemania (decenas de miles de veteranos lisiados en las calles, y cantidades cada vez menores de comida debido al bloqueo británico), muchos en Alemania eligieron creer que la victoria estaba a la vuelta de la esquina. Esto es lo que los generales seguían diciéndoles, y los generales estaban entre las personas más estimadas en Alemania, mucho antes de la Primera Guerra Mundial.

En la primavera de 1918, los alemanes pudieron montar una gran ofensiva en Francia, porque habían llegado a un "acuerdo" con los rusos, que ahora llamaban a su país la Unión de Repúblicas

Socialistas Soviéticas, también conocida como la URSS o la Unión Soviética. Habiendo derrocado al zar Nicolás II, los soviéticos estaban envueltos en un conflicto con su familia extendida y los elementos conservadores del país. La guerra civil rusa se libraría de 1918 a 1921, y los soviéticos no podían hacer la guerra contra los alemanes y los conservadores al mismo tiempo.

El gobierno soviético aceptó los términos del Tratado de Brest-Litovsk en marzo de 1918, que dio a Alemania una enorme franja de Rusia occidental, toda Ucrania y los estados bálticos. Esto representaba la zona más rica en recursos e industrializada del país. Para los bolcheviques, era un precio temporal que había que pagar. Una vez ganada la guerra civil, podrían intentar recuperarla, o tal vez Alemania habría perdido la guerra (y con los EE. UU. uniéndose en contra, este último escenario parecía probable), y los territorios perdidos volverían a la URSS de cualquier manera.

Cuando la gente se quejaba de la dureza del Tratado de Versalles y de cómo trató a Alemania, otros apuntaban al Tratado de Brest-Litovsk, cuyas estipulaciones eran mucho más duras en total que las firmadas en París. El Tratado de Brest-Litovsk incluía términos tales como mayores pagos de reparación, un tercio de toda la producción de carbón del antiguo Imperio ruso y un tercio de su producción de alimentos.

Con la firma del Tratado de Brest-Litovsk, los alemanes trasladaron cientos de miles de tropas al Frente Occidental con la esperanza de derrotar a los Aliados de una vez por todas o, al menos, llevarlos a la mesa de paz, antes de que los americanos pudieran unirse realmente. Cuando la ofensiva de primavera del general Ludendorff fracasó, el alto mando del Ejército alemán sabía que era solo cuestión de tiempo antes de que Alemania tuviera que rendirse y, con suerte, conseguir unos términos de paz tolerables o ser completamente derrotada e invadida.

En el otoño de 1918, el Ejército alemán estaba destrozado. Las municiones eran escasas. Los suministros se estaban agotando. Los reemplazos eran menos y más jóvenes, y lo que había de ellos no podía ser entrenado adecuadamente, porque se necesitaban cuerpos en el frente inmediatamente. En la propia Alemania, el descontento iba en aumento, ya que los disturbios por alimentos y el descontento laboral se producían en todo el país casi a diario. Y los americanos estaban ahora luchando en el frente con un millón de hombres, con más en camino, y traían consigo suministros ilimitados.

El 29 de septiembre de 1918, los generales Hindenburg y Ludendorff se presentaron ante el káiser Guillermo II y le dijeron que la guerra estaba perdida. Sugirieron que lo mejor sería acercarse al presidente americano Woodrow Wilson y pedir un armisticio basado en sus propuestas anunciadas en los Catorce Puntos y otros discursos. Tomó hasta noviembre para que se tomara la decisión y se anunciara el armisticio.

Para entonces, el káiser había abdicado de su trono. Alemania, en teoría, había sido una democracia parlamentaria desde su fundación en 1871, pero el poder real estaba en manos del canciller, Otto von Bismarck, pero después de que Bismarck fuera despedido por el káiser en 1890, ese poder estaba en manos de Guillermo. El Parlamento (en alemán, el Reichstag) se reunió y fue capaz de aprobar leyes con las que el káiser estaba de acuerdo, pero el verdadero poder estaba en manos de Guillermo, así como de los militares, que, al principio de la guerra, comenzaron a aumentar su poder.

En noviembre, cuando Hindenburg y Ludendorff recomendaron acercarse a Wilson, tenían en mente que los principales miembros del Reichstag serían los que se acercaran a los Aliados. No podían ser los militares por varias razones. Los Aliados estarían más dispuestos a escuchar a los líderes civiles, y lo más importante, si algo salía mal, no se podía culpar a los militares por ello.

Esa última frase es extremadamente importante para entender lo que vino después por dos razones. Una es el estatus de los militares en Alemania antes y durante la guerra. La segunda es en cuanto a las teorías que se desarrollaron en Alemania sobre el final de la Primera Guerra Mundial.

Capítulo 9 – El mito de la "puñalada por la espalda"

Hitler no fue el primer alemán en desarrollar la idea de que Alemania había sido traicionada desde adentro, resultando en las humillaciones que vinieron con el Tratado de Versalles. Hitler hizo su primer discurso público en marzo de 1920, y en ese discurso, habló de "un mundo de enemigos". Con ello, se refirió a la vasta gama internacional que marchó contra Alemania durante la guerra: Francia, Gran Bretaña y los Estados Unidos, entre otros. Hitler no habló de "enemigos internos". Ese fue un tema que desarrolló más tarde cuando se metió en los círculos de la derecha en los que había empezado a viajar.

La *Dolchstoßlegende* (literalmente "mito de la puñalada"), conocida en español como "el mito de la puñalada por la espala", era la implicación de que los enemigos del interior de Alemania habían apuñalado a los militares y a sus soldados "por la espalda" fomentando el descontento laboral, la inflación, la legislación anti-guerra (que nunca fue aprobada y nunca pudo, dada la estructura del parlamento alemán de la época), el acaparamiento de alimentos, la agitación comunista y el envío de pacificadores a los Aliados. Los comunistas, los socialistas (que no son lo mismo, especialmente en la Alemania de

Guillermo), los pacifistas, los prestamistas capitalistas (que era el código para "los judíos" y los bancos extranjeros), y la comunidad judía fueron todos culpables de la derrota de Alemania. Sin embargo, lo que realmente acabó con Alemania fue la abrumadora organización de fuerzas del mundo entero que se opusieron a ella.

Durante la Primera Guerra Mundial, el regimiento bávaro de Hitler, el Regimiento List, que lleva el nombre de su comandante, luchó contra las tropas británicas, francesas, australianas, indias, canadienses, neozelandesas, sudafricanas y estadounidenses. Después de la guerra, los veteranos, incluido Hitler, hablaron de estar desmoralizados al ver que gran parte del mundo estaba en contra de Alemania. Hitler, en discursos y escritos posteriores, habló de decirse a sí mismo: "Estos muchachos, rubios y de ojos azules, ¿quiénes son realmente? Son todos ex hijos de granjeros alemanes. Ahora son nuestros enemigos". Este pensamiento fue uno de los pilares de la ideología del *Lebensraum* ("espacio vital") de Hitler, que pedía que Alemania se expandiera a las "vacías" y vastas tierras de Europa del Este y Rusia. En su mente, Alemania no habría perdido millones de emigrantes a los EE. UU., Australia y Canadá, por nombrar solo algunos países, si Alemania hubiera tenido el espacio para su exceso de población.

A medida que los tiempos de paz se volvían más caóticos y deprimentes para los alemanes, se buscaban chivos expiatorios. "Seguramente", muchos alemanes se dijeron a sí mismos: "No pudo haber sido el ejército el culpable del colapso". Incluso en la Alemania de la posguerra, el ejército era lo único que impedía que la Revolución bolchevique tuviera éxito".

En gran medida, esto era cierto. Los militares mantenían ciertas fuerzas a raya y bajo observación, pero fueron los militares los que recomendaron al káiser que encontrara una forma de terminar la guerra. En lugar de eso, abdicó y dejó su país para valerse por sí mismo.

Es realmente difícil entender el papel que los militares desempeñaron en la Alemania de preguerra (e incluso de posguerra). Hasta en los Estados Unidos, donde los veteranos ocupan un lugar cada vez más elevado en la sociedad, las propias fuerzas armadas no gozan de la misma alta estima que en Alemania. Es casi difícil exagerar su lugar en la sociedad, en realidad.

Alemania, como en 1914, fue fundada alrededor del Reino de Prusia, que estaba en el noreste del país. Prusia era una zona bastante pobre, su suelo era arenoso y sus ciudades eran mucho más pequeñas que la mayoría de los otros grandes reinos y principados europeos.

El primer rey de una Prusia independiente fue Federico I, quien se dio cuenta, a pesar de su amor por la cultura y las artes, que la posición de Prusia en el centro de Europa la ponía en gran riesgo y comenzó a formar lo que con el tiempo se convertiría en el mejor ejército del continente. Su hijo, Federico Guillermo I, que subió al trono en 1713, despreciaba las artes, pero amaba el ejército, y fue él quien realmente formó el espíritu y la cultura militar del estado prusiano. Conocido por su dura disciplina en todas las áreas de su vida, Frederick William era conocido por golpear a los ciudadanos de cualquier rango en la calle si sentía que eran demasiado descuidados o ruidosos..., en realidad, cualquier rasgo molesto que le afectara en ese momento. Su ejército se convirtió en un reflejo de su voluntad, y el entrenamiento del ejército prusiano lo convirtió en uno de los más duros y temidos del mundo. El ejército prusiano se convirtió en uno de los primeros ejércitos profesionales de Europa desde las legiones romanas. Muchas de las otras naciones de Europa tenían un pequeño núcleo de oficiales aristocráticos u hombres con alguna experiencia militar, y cuando llegaba la guerra, pedían un gravamen, un reclutamiento de soldados no entrenados para llenar sus filas.

Bajo Federico Guillermo I y su hijo, Federico II, también conocido como Federico el Grande (que odiaba a su padre con una increíble venganza por la dura disciplina que recibió de sus manos, pero cuya disciplina mantuvo en el ejército). Prusia tenía un ejército entrenado y altamente eficiente listo para moverse en cualquier momento.

Durante su tiempo en el trono, que duró de 1740 a 1786, Federico el Grande derrotó a Austria en el campo de batalla muchas veces. Él, en una alianza con Inglaterra, derrotó a Rusia, Austria, Sajonia y Francia en la guerra de los Siete Años. En este y en todos los demás conflictos, Prusia fue superada en gran medida, pero debido a su entrenamiento, disciplina y la capacidad de los comandantes para pensar libremente en el campo de batalla, las fuerzas prusianas lograron una victoria tras otra.

El ayudante de Federico el Grande, Georg Heinrich von Berenhorst, resumió muy bien el papel del ejército prusiano, tanto para su época como para el futuro: "La monarquía prusiana no es un país que tiene un ejército, sino un ejército que tiene un país".

Después de Federico el Grande, Prusia, como el resto de Europa, se enfrentó al talento militar único de Napoleón Bonaparte. Como la mayor parte de Europa, Prusia también perdió ante Napoleón, y se convirtió en un estado satélite de Francia.

Cuando Napoleón sufrió su derrota en Rusia, Prusia y muchas otras naciones y reinos se levantaron en su contra, y después de formar una alianza, lo obligaron a abdicar. Al regreso de Napoleón en la famosa guerra de los Cien Días en 1815, las fuerzas prusianas fueron fundamentales en su derrota en Waterloo. A partir de ese momento, Prusia se estableció lentamente como el estado preeminente de habla alemana, aunque tenía rivales en Baviera y Württemberg.

A partir de 1862, los asuntos prusianos estaban menos en manos de sus reyes y más en manos del famoso "Canciller de Hierro", Otto von Bismarck, uno de los grandes políticos europeos del siglo XIX. El plan de Bismarck, que comenzó casi tan pronto como tomó posesión del cargo, era unificar los estados de habla alemana alrededor del reino prusiano A mediados del siglo XIX, Prusia se estaba convirtiendo en una potencia industrial, y gran parte de su tesoro iba a parar a los militares.

En 1864, Bismarck y Prusia estaban listos. En una serie de brillantes movimientos políticos, Bismarck provocó una guerra con Dinamarca, que controlaba algunos estados del norte de Alemania. Al hacerlo, invitó a Austria a reclamar una de estas áreas de habla alemana, ya que muchos de los estados del suroeste de Alemania estaban bajo influencia austriaca o en alianza con ella. Bismarck sabía que eventualmente podría provocar una guerra con Austria-Hungría por estos estados, y lo que es más, podría hacer que pareciera que Austria la inició. Y esto es exactamente lo que pasó en 1866 cuando el ejército prusiano, que era superado en número, pero más disciplinado, mejor dirigido y bien armado, derrotó a Austria.

Ahora, solo una nación tenía alguna influencia sobre los restantes estados alemanes independientes, y era Francia, que dominaba un área a lo largo del río Rin. Una vez más, Bismarck provocó brillantemente que otra nación declarara la guerra a Prusia. Todos esperaban que Francia ganara, como habían esperado que ganara Austria, pero como puede adivinar, no lo hicieron. Como se mencionó al principio de este libro, Francia fue sólidamente derrotada, y Alsacia-Lorena fue otorgada a Prusia, que era el corazón de la nueva potencia mundial, Alemania.

El ejército prusiano-alemán hizo posible todo esto. Esta era una fuerza altamente disciplinada, equipada con las últimas armas, y lo suficientemente flexible para permitir a los líderes del campo de batalla tomar decisiones en el acto.

Mirando todo lo que los militares habían logrado, no es de extrañar que se les tuviera en tan alta estima, ni que los militares, especialmente los oficiales, en particular los oficiales prusianos, fueran tenidos en la mayor consideración. En las pequeñas ciudades y aldeas, los militares, incluso los que estaban jubilados, a veces servían como árbitros de la justicia y tomaban decisiones importantes a nivel local. Los hombres de familias de clase alta y media querían que sus hijos fueran oficiales, al menos por un tiempo, y muchos de los jóvenes también lo querían. Los hombres de clase baja tenían más dificultades para convertirse en oficiales, lo que rara vez se hacía antes de la época de Hitler, pero al menos podían buscar una carrera como suboficial.

Como pueden ver, el Tratado de Versalles no solo culpó a Alemania de iniciar la guerra, haciéndola responsable de pagar los daños causados por el conflicto, sino que cortó la capacidad de Alemania para defenderse y el futuro de muchos hombres alemanes, y quizás más que nada, impactó en el modo de vida alemán y en su "honor nacional".

De vuelta a Versalles

Algunas personas de ambos lados del Atlántico creían que incluso con las reparaciones y cesiones masivas de tierras que los alemanes se vieron obligados a hacer, así como la reducción de su ejército, una futura guerra era inevitable. Nadie, en especial Francia, creía que los Aliados pudieran mantener a Alemania controlada para siempre, y muchos dudaban de que Alemania floreciera en una democracia moderna como muchos esperaban. A posteriori es bastante fácil, pero tal vez los Aliados podrían haber implementado una serie de condiciones para que Alemania lograra disminuir la carga, o al menos aumentar gradualmente su ejército hasta un tamaño razonable. Sin embargo, en 1918-1919, nadie estaba de humor para ser demasiado indulgente con los alemanes.

Así que, en junio de 1919, los Tres Grandes y sus auxiliares desarrollaron los planes finales para el desarme de Alemania. Durante un tiempo, algunos de ellos querían una Alemania más fuerte, pero democrática en el corazón de Europa para contrarrestar el comunismo, que parecía estar extendiéndose hacia el oeste en 1919-1920. Sin embargo, con cierta lógica, los franceses insistieron en un débil ejército alemán. Era la única cosa que esencialmente no cederían en todas las negociaciones. El presidente estadounidense Wilson esperaba un acuerdo sobre el desarme de Europa en su Sociedad de Naciones, pero Francia amenazó con votar en contra de la Sociedad de Naciones si Alemania no se debilitaba militarmente, y los británicos utilizaron la misma táctica cuando se trataba de asuntos navales y algunos asuntos coloniales que les afectaban.

Por lo tanto, a Alemania ni siquiera se le consultó sobre los términos establecidos en ella. La alternativa, se aclaró, era la invasión de Alemania o al menos del corazón industrial de occidente.

De este modo, el Ministro de Asuntos Exteriores alemán Hermann Müller y el Ministro Colonial Johannes Bell pusieron sus nombres en el Tratado de Versalles a finales de junio de 1919.

Bajo el tratado, el ejército alemán estaba limitado a 100.000 hombres, lo que era muy diferente a su fuerza de antes de la guerra de casi cuatro millones. A los ojos de los Aliados, esto era suficiente para controlar las fuerzas radicales del país, pero no lo suficiente para librar una guerra agresiva. No se permitían tanques, ni aviones militares de ningún tipo. No se permitían submarinos en la nueva Marina Alemana, a la que solo se le permitían buques de patrulla costera. La Marina Alemana, como parte del anterior acuerdo de armisticio, había enviado su flota a Scapa Flow en las Islas Orcadas, que fue el hogar de la Flota Nacional Británica al final de la guerra. Escuchando que sus barcos podrían terminar en manos británicas, los alemanes los volaron.

Así que Francia tenía una Alemania debilitada que no amenazaría una invasión de nuevo. También consiguieron Alsacia-Lorena e iban a recibir, en teoría, millones de dólares en reparaciones.

Sin embargo, ¿qué obtuvo Alemania? O al menos, ¿qué sintieron los alemanes que obtuvieron? Se les culpó de empezar la guerra, lo que, técnicamente, no hicieron. Sin embargo, se puede argumentar que si no se hubiera dado el "cheque en blanco" a Austria-Hungría, la Primera Guerra Mundial nunca habría ocurrido. Muchos alemanes se sentían como un niño siendo el único castigado por algo que su hermano comenzó. Estaban resentidos hasta el extremo.

Cuando el káiser Guillermo II forzó a Bismarck a dejar el poder en 1909 para poder tener el control él mismo, uno de sus principales objetivos fue asegurar que Alemania consiguiera su "lugar en el sol", lo que tiene dos significados. Por un lado, Guillermo quería conseguir colonias en los trópicos, como todas las demás grandes potencias, y también quería estar en un lugar donde la luz de la gloria brillara sobre una Alemania poderosa como una fuerte potencia mundial. Sin embargo, el Tratado de Versalles despojó a Alemania de todas sus colonias y las distribuyó a una serie de potencias aliadas, lo que provocó aún más resentimiento.

Millones de jóvenes alemanes habían buscado una carrera militar, ya sea de por vida o por un buen número de años. Los militares proporcionaban respeto, poder, influencia y seguridad. Ahora, a esos hombres se les negaba su destino, sus sueños. Estos sueños coincidían con la esperanza colectiva de una Alemania poderosa y respetada, en esencia, un nuevo país. Todos esos sueños fueron eliminados con el Tratado de Versalles. Los hombres que firmaron el Tratado de Versalles y sus aliados políticos se dieron a conocer a muchos alemanes, y no solo a los de la extrema derecha, como los "criminales de noviembre", llamados así por el mes del armisticio original.

Dinero

Aunque había muchas otras cuestiones que debían abordarse en el Tratado de Versalles y sus acuerdos subsidiarios, muchos de los cuales vinieron después de la Conferencia de Paz de París, como qué hacer con las fronteras en el Medio Oriente y la creación de la Sociedad de Naciones, el otro punto principal que concernía a Alemania era cuánto tenían que pagar los alemanes por iniciar la guerra.

La cuestión de las reparaciones no se resolvió definitivamente hasta algunos años después de la Conferencia de Paz de París. Los Tres Grandes tuvieron un asombroso número de reuniones sobre el tema, muchas de las cuales estuvieron llenas de amenazas diplomáticas y personales. Wilson, Clemenceau y Lloyd George no se llevaban muy bien, y había literalmente encuentros a gritos y enfermedades falsas puestas en escena para no enfrentarse a otro día de charlas aparentemente inútiles. Describir los matices de las negociaciones y las creencias de los Tres Grandes sobre las reparaciones sería escribir un libro mucho más grande que este (por favor, vea las fuentes al final de este libro para encontrar una excelente).

Sin embargo, intentemos resumir sus sentimientos. Los franceses querían sacar sangre de una piedra, y los americanos se dieron cuenta de que eran necesarias algunas reparaciones, pero usaron métodos de contabilidad e ideas radicalmente diferentes de "daños de guerra" y "costos" para llegar a una cifra mucho más baja que la de los franceses. Los británicos, mientras tanto, estaban en algún punto intermedio

Todos sabían que exigir demasiado a los alemanes estaba lleno de peligros. Podrían derribar la economía alemana y crear un caldo de cultivo para el comunismo. También podrían forzar a los trabajadores alemanes a convertirse en "esclavos" durante décadas, ya que en esencia estarían pagando a sus amos extranjeros, y como sus empleadores tendrían impuestos tan altos, nadie ganaría dinero, menos aún los de abajo. Existía la posibilidad de que los alemanes simplemente se negaran a pagar si la cantidad era demasiado, y los Aliados se enfrentarían entonces a la cuestión de si ocupar todo el país, lo que sería casi imposible y costaría aún más dinero al final.

Georges Clemenceau estaba entre la espada y la pared. Gran parte de su vida se había basado en su antipatía hacia Alemania, y sus compatriotas, que habían visto más de un millón de muertos y la parte más rica de su país despojada de cualquier cosa de valor, querían vengarse, no solo de la Primera Guerra Mundial, sino también de la guerra franco-prusiana. Hablando claro, los alemanes tuvieron que pagar por lo que le hicieron a Francia, y durante su tiempo en el poder, Clemenceau aseguró a sus compatriotas que lo harían.

Sin embargo, a medida que las conversaciones de paz avanzaban, Clemenceau no estaba tan seguro de que eso sucediera, por varias razones. En primer lugar, a Alemania no le quedaba nada. En segundo lugar, aunque Alemania pudiera pagar algo en un futuro próximo, no sería mucho.

No obstante, Alemania tenía que pagar algo. Todos, excepto el más intransigente e irrazonable de los alemanes, lo sabían. Hubo millones de hombres muertos, muchos de los cuales estaban en su mejor momento, y la pregunta que los hombres de la Conferencia de

Paz de París tuvieron que afrontar fue cuánto iban a cobrar a Alemania.

Francia estaba decidida a recibir más que los británicos. Habían perdido más hombres y la guerra se había librado principalmente en su país. Cualquier cosa que los británicos quisieran, los franceses querrían e insistirían en más.

Sin embargo, Lloyd George se enfrentó a problemas similares. Su nación había gastado más dinero que cualquier otro país, incluso había prestado dinero a Francia. Por supuesto, eso duró hasta que el Imperio británico esencialmente quebró y tuvo que pedir prestado a los Estados Unidos. La economía más poderosa había gastado todo su dinero y quemado gran parte de su crédito inmediato (aunque cabe señalar que Gran Bretaña seguía siendo una potencia económica, después de todo, era un imperio mundial, y sus industrias no habían sufrido daños por la guerra). Los británicos, ya fueran ingleses, escoceses, irlandeses, galeses o de sus dominios, querían que los alemanes pagaran, no solo por los costos incurridos durante la guerra, sino por las vidas perdidas a causa de ella.

En cuanto a los Estados Unidos, su gobierno prestó a Francia y a Gran Bretaña cantidades increíbles de dinero, y las empresas, bancos y personas de ese país querían ser reembolsadas. Habían ido a la guerra a regañadientes, violando los principios del discurso de despedida de George Washington, y por mucho que quisieran ver un "nuevo mundo sin guerra", para parafrasear los sentimientos de la época, también querían que les devolvieran su dinero, y mucha gente en los EE. UU. no confiaba en los británicos, franceses ni alemanes.

Sin embargo, los Estados Unidos se diferenciaban de las otras dos naciones en que no habían sido devastados como lo había sido Francia, y no habían perdido tantos hombres como ninguna de las dos naciones. Aun así, los más de 100.000 estadounidenses que murieron en los nueve meses de participación del país en la guerra todavía valían algo, tanto monetaria como emocionalmente.

No obstante, muchos estadounidenses siguieron el ejemplo del presidente Wilson, quien reconoció la necesidad de que todas las naciones aliadas recibieran reparaciones, pero quiso mantenerlas limitadas. Wilson, como muchos estadounidenses, también se dio cuenta de que un alto precio impuesto a Alemania probablemente iba a costar más al final y que solo causaría que el ciclo de resentimiento y venganza continuara, que es una de las razones por las que los estadounidenses eran reacios a entrar en la guerra.

Cuando estaba todo dicho y hecho, los Tres Grandes no pudieron llegar a un acuerdo sobre la cantidad. Dejaron que eso se tratara en futuros acuerdos negociados por diplomáticos, economistas, contables y politólogos. El propio Tratado de Versalles establecía que Alemania estaría obligada a pagar reparaciones que se nombrarían más adelante. Esa fecha posterior fue dos años después, en 1921, en la llamada "agenda de pagos de Londres". Para los alemanes, el dolor que comenzó con el armisticio continuó durante tres años de incertidumbre, y solo continuaría.

La cantidad inicial que se pedía en el acuerdo de Londres era que Alemania pagara una serie de pagos que ascendían a 33.000 millones de dólares de los EE. UU. Eso equivale a 479 mil millones de dólares americanos en 2019. Esta era una cantidad asombrosa, pero era solo una cuarta parte de los cálculos iniciales franceses, que sabían que nunca ocurriría. Esta cantidad se pagaría en pagos anuales, que se calcularían por diversos medios. Un tercio de esta cantidad estaba sujeto a intereses, y los intereses comenzaron a sumarse y a acumularse de inmediato. Los otros dos tercios no estarían sujetos a intereses y serían más flexibles, ya que se basaban en la capacidad de pago de Alemania.

Si Alemania no pagaba a tiempo, se establecían sanciones que entraban en vigor, y la más drástica se produjo en 1923 cuando los franceses ocuparon el corazón industrial de Alemania, el Ruhr (situado al oeste, cerca de la frontera francesa). A su vez, esto causó huelgas, que a veces fueron reprimidas violentamente por los franceses, lo que solo redujo aún más la capacidad de pago de

Alemania. Además, parte del paquete de reparaciones no era monetario en sí mismo. Exigía la incautación de todo el carbón de la mayor zona productora de carbón de Alemania, el Sarre (también cerca de la frontera francesa), durante quince años. Esto sacó dinero de los bolsillos alemanes, lo que redujo las reparaciones, y también redujo la capacidad de las industrias alemanas de volver a ponerse en pie, ya que estaban impulsadas por el carbón.

La ocupación francesa del Ruhr desencadenó una crisis que dio lugar a nuevas conversaciones sobre reparaciones y nuevos acuerdos. Esto produjo el Plan Dawes de 1924, llamado así por el banquero y diplomático americano que presidió la comisión que desarrolló el plan, Charles Dawes. El Plan Dawes reestructuró los pagos y construyó préstamos internacionales para ayudar a Alemania a pagar a tiempo. En 1928, los alemanes pidieron aún más flexibilidad, y se acordaron pagos finales de reparación de 26.000 millones de dólares (más de 394.000 millones de dólares en 2019). Esto debía ser pagado en 1988. Lo crea o no, y aun cuando Hitler detuvo todos los pagos, el pago de las reparaciones finales de Alemania se hizo en 2010.

Por supuesto, cualquier choque económico tiene muchos efectos. La guerra en sí misma fue devastadora, sacando a muchos jóvenes de la fuerza de trabajo, pero además de eso estaban los pagos de las reparaciones, la falta de dinero en efectivo, la desmoralización, y los trabajadores siendo marginados en el Ruhr por la huelga de 1923. Todo esto llevó a una inflación masiva, y esta inflación fue tan grande que tiene su propio nombre en la historia: la hiperinflación alemana de 1923 y 1924.

Reaccionando a todos los factores mencionados y más, el gobierno alemán imprime imprudentemente más dinero en un intento de "pagar" todas sus deudas y los salarios de los trabajadores del Ruhr y sus filiales. En noviembre de 1923, un dólar estadounidense valía más de *cuatro billones de marcos*. Sí, lo ha leído bien. Eche un vistazo a esta foto de abajo, que fue tomada en 1923-1924

Ilustración 8: Esta mujer está pagando las papas con cestas llenas de dinero

Ilustración 9: Cuando era niño, mi padre me dio un billete de hiperinflación alemana. Pensé que era millonario hasta que me explicó la verdad

Finalmente, el gobierno alemán tomó medidas para detener la inflación, que fue más o menos al mismo tiempo que hablaban con los Aliados sobre el Plan Dawes. Las potencias aliadas también querían su dinero (y no el tipo de dinero que se muestra arriba), y así, trabajaron para ayudar a Alemania a volver a ponerse en pie. Se presionó a los franceses para que pusieran fin a su ocupación del Ruhr, lo que eventualmente hicieron.

La hiperinflación alemana fue más que un impacto económico, tuvo también un profundo impacto psicológico. Alemania había desarrollado una red de seguridad social, pero no era suficiente para hacer frente al hambre y la miseria causada por este impacto masivo. Por supuesto, cuando los tiempos se ponen malos, la gente quiere a alguien a quien culpar, y así, culparon a los criminales de noviembre; culparon a los Aliados; culparon a los bancos y al "sistema económico capitalista internacional". Muchos culparon a los judíos, como puede ver en la portada de este panfleto, que fue impreso antes del surgimiento del Partido Nazi.

Este no es el lugar para una discusión del antisemitismo alemán-europeo. Basta decir que, por muchas razones, algunas que se remontan a siglos atrás, gente ignorante en Europa, así como en Norteamérica, han creído que el pueblo judío son las figuras centrales del control de las altas finanzas. Este prejuicio solo empeoró cuando los tiempos se pusieron malos. Agravando aún más las cosas estaba el hecho de que una de las mayores casas bancarias europeas, la de Rothschild, estaba dirigida por una familia judía.

Al leer sobre el ascenso de Hitler, entenderán que cuando los tiempos se pusieron malos, su popularidad subió. Cuando mejoraron o se nivelaron, su popularidad disminuyó. Los nazis y otros grupos de extrema derecha, y también los de extrema izquierda, disfrutaron de oleadas de popularidad durante la hiperinflación y de nuevo en 1929 cuando comenzó la Gran Depresión.

Por supuesto, la Gran Depresión de 1929 tuvo muchas causas, así como muchos otros factores que contribuyeron a su duración. Obviamente, el punto álgido fue el colapso de los mercados de valores del mundo, comenzando en Wall Street. En pocas palabras, esto fue causado por una especulación desenfrenada, no solo en los EE. UU., sino en toda Europa, basada no en hechos concretos, sino en la noción completamente ignorante de que las acciones seguirían subiendo y luego pedirían prestado para poner dinero en el mercado. Las empresas grandes y pequeñas, así como los inversores y los bancos que, además de prestar dinero a la gente, también invertían en los mercados, pedían préstamos para comprar acciones. Cuando esas carteras se derrumbaron, la deuda todavía estaba en pie, y cuando nadie pudo pagar sus deudas, se desencadenó una reacción en cadena que afectó a completamente todo el mundo.

Por lo tanto, el choque de Wall Street de 1929 puede ser considerado el punto de inflexión. En los EE. UU. el mal tiempo y la caída de los precios agrícolas, entre otros factores, contribuyeron a la caída. Otras naciones tuvieron sus propios problemas, especialmente Alemania. Un problema que contribuyó a la duración y el dolor de la depresión en ese país fueron las reparaciones requeridas por el Tratado de Versalles.

Lo que hace que esta situación sea aún más extraña es que a mediados de la década de 1920, muchos de los resentimientos provocados por la guerra comenzaron a disminuir, especialmente en los Estados Unidos, pero también en Inglaterra. Los franceses, situados donde estaban, eran un poco más testarudos, pero incluso algunos franceses empezaron a darse cuenta al menos de que las reparaciones estaban teniendo un efecto perjudicial no solo en Alemania, sino en todas las economías avanzadas del mundo.

Cuando los individuos empiezan a acumular deudas y no pueden pagarlas, pueden hacer dos cosas: declararse en bancarrota o conseguir más préstamos para pagar los originales. En el caso de Alemania, la primera fue esencialmente juzgada durante las huelgas del Ruhr, aunque a pequeña escala. Vimos lo que pasó cuando eso ocurrió. La bancarrota no sería aceptada como excusa, y solo empeoraría las cosas. Así que, a los alemanes se les permitió pedir más dinero prestado.

Pero, ¿a quién se lo podrían pedir prestado? Gran Bretaña y Francia no lo tenían. Solo una nación lo tenía: Estados Unidos. Así que los americanos y sus bancos emitieron nuevos préstamos a los alemanes, que usaron ese dinero para pagar a los británicos y a los franceses, quienes usaron ese dinero para pagar a los americanos, y los americanos usaron ese dinero para hacer préstamos a los alemanes. Esta es una explicación muy simple, pero el concepto ayuda a ilustrar que el dinero estaba siendo desplazado de una cuenta a otra y no estaba siendo invertido en nada real, lo que solo ayudó a conducir al colapso económico mundial.

Además de la pesadilla económica, estaban las nuevas fronteras de Alemania que se formaron en 1919. Aparte de las situaciones del Ruhr y el Sarre, la Renania fue desmilitarizada. No se permitieron tropas alemanas en su propio suelo, pero lo peor de todo fue la división de Prusia, el estado que era la piedra angular de Alemania. A Polonia, una nación sin litoral, se le dio acceso al mar, la ciudad prusiana de Danzig se convirtió en una "ciudad libre" administrada por la Sociedad de Naciones y Prusia Oriental quedó separada del resto de Alemania por un tramo de Polonia. Los alemanes liberales, así como los conservadores y los nazis, se agitaron ante esta humillación.

El Partido Comunista de Alemania (*Kommunistische Partei Deutschlands* o KPD) y los numerosos partidos de extrema derecha de Alemania, incluido el Partido Obrero Nacionalsocialista Alemán (*Nationalsozialistische Deutsche Arbeiterpartei*), también conocido como los nazis, se beneficiaron enormemente de la caída de 1929, ya que el número de miembros aumentó en ambos partidos. Como tal, la representación en los parlamentos estatales y federales subió también. Tanto los nazis como los comunistas ganaron popularidad ayudando a alimentar a la gente en las calles, de las cuales había más cada día. Los niños de la calle estaban literalmente comiendo ratas, y el crimen se disparó. Las cosas parecían estar fuera de control, y cuando esto ocurría, la gente se dirigía a alguien que parecía saber lo que estaba haciendo.

Los estadounidenses tuvieron la suerte de que esa persona fuera Franklin Delano Roosevelt para ellos, pero incluso en los EE. UU., los partidos extremistas de ambos lados ganaron influencia a medida que la Gran Depresión empeoraba. Durante un tiempo en 1931, parecía que las cosas podrían nivelarse lentamente, pero en 1932, los mercados se derrumbaron de nuevo, y no por casualidad, fue 1932 el año que marcó el punto culminante del poder nazi en las elecciones libres. En realidad, en las últimas elecciones antes de que Hitler fuera nombrado canciller por el presidente Paul von Hindenburg, la popularidad del Partido Nazi disminuyó un poco. Sin importar, las cosas *parecían* estar fuera de control. Hindenburg hizo el movimiento fatal el 30 de enero de 1933, cuando nombró a Adolf Hitler como canciller de Alemania.

Aquí hay una colección de caricaturas e imágenes políticas de diversas fuentes en Alemania y otros países que muestran los resultados del Tratado de Versalles y sus efectos.

Ilustración 10: "¡Alemanes! ¡Piensen en esto!". Una representación de 1924 de los criminales de noviembre apuñalando a los soldados alemanes por la espalda. Las figuras del fondo son estereotipos antisemitas, pero hay que tener en cuenta que esto no era una caricatura nazi

Ilustración 11: En Austria, que había sido reducida en tamaño por el tratado, muchos de la derecha querían una unión con Alemania, sin embargo, esto estaba prohibido por el tratado. En esta caricatura austriaca de 1919, un soldado alemán es "apuñalado por la espalda" por un estereotipo judío, años antes del ascenso de los nazis

Ilustración 12: En un intento por contrarrestar la propaganda de la derecha, las organizaciones judías alemanas, como la Federación del Reich de Soldados Judíos de Primera Línea, publican caricaturas que muestran que la comunidad judía había luchado y muerto por su país

Ilustración 14: Aquí, Hitler se arrastra fuera del Tratado de Versalles. A finales de los años 20 y principios de los 30, mucha gente en Inglaterra y los EE. UU. empezaron a estar de acuerdo en que quizás el Tratado de Versalles había sido demasiado duro

Ilustración 13: Los Cuatro Grandes saliendo de París. Clemenceau dice: "Creo que oigo a un niño llorando". En la esquina hay un niño llorando, que representa el proyecto alemán de 1940. Esta es una caricatura inglesa impresa años antes de la Segunda Guerra Mundial

Ilustración 15: Esta caricatura inglesa reconoce que la Alemania de Hitler se estaba rearmando. También echa parte de la culpa al Tratado de Versalles y a las reparaciones que Alemania tuvo que pagar. El pie de foto dice: "Nunca me gustó esa vieja palabra"

Capítulo 10 – El fiasco de la Sociedad de Naciones

La historia no ha sido amable con el Tratado de Versalles y los hombres que lo redactaron. ¿Por qué habría de serlo? Fue un factor clave en el ascenso de Hitler y la devastación que siguió, pero no fue el único motivo, y al considerar cuánta culpa se le debe echar a Versalles, es importante entender algunas cosas.

Primero, los Aliados estaban trabajando sin el beneficio de la retrospectiva. Aunque algunos sentían que los términos del tratado eran demasiado duros para Alemania, nadie podría haber predicho las cámaras de gas del Holocausto. Esa fue una pesadilla durante siglos, y solo fue exacerbada por el Tratado de Versalles y la propaganda nazi que lo rodeaba.

Segundo, dado todo lo que ha leído en este libro hasta ahora, ¿qué iban a hacer los Aliados? Tenían poblaciones que habían sido diezmadas y escandalizadas psicológica, emocional y económicamente, y todos sabemos que la inseguridad económica causa aún más daño psíquico y emocional. Si los Aliados hubieran hecho simplemente lo que probablemente era mejor y hubieran exigido la menor cantidad posible a los alemanes, tal vez gran parte de la agitación económica de la próxima década y media se habría aliviado. El mercado de valores todavía se habría estrellado, pero quizás no habría sido tan devastador, y seguramente la hiperinflación no habría ocurrido.

Sin embargo, eso simplemente no fue posible en ese momento. Con toda probabilidad, los bajos pagos solo habrían alentado a Alemania a rearmarse de todos modos. Después de todo, seguían siendo la nación más industrializada y poblada de Europa. Como un niño que recibe una bofetada en la mano por un delito grave, Alemania podría haber pensado que otro intento en Alsacia-Lorena valía la pena de cualquier manera en una década o dos.

En tercer y último lugar, los pueblos de Francia y Gran Bretaña (y en cierta medida los Estados Unidos) no lo habrían tolerado. Los políticos que se consideraban "demasiado fáciles" para Alemania serían expulsados rápidamente en las próximas elecciones.

Wilson vuelve a casa

Woodrow Wilson llegó a Europa como un mesías. Eso es solo una ligera exageración. Como se mencionó al principio de este libro, multitudes de personas lo acosaban en todos los lugares a los que iba. Había fotos de él y de sus Catorce Puntos por todas partes, y placas, botones y todo tipo de objetos de colección que se puedan imaginar fueron hechos con su imagen. Él y América eran la gran esperanza de millones de europeos. "La autodeterminación de los pueblos", que se parafrasea de Los catorce puntos de Wilson, estaba en los labios de prácticamente todos los europeos en 1919. Si tan solo Wilson hubiese tenido alguna noción de lo que eso significaba realmente.

Se ha dicho que Wilson vivía en una "torre de marfil" en su mente, donde el sucio negocio de la realidad geopolítica no podía llegar. Como muchos americanos antes que él, Wilson era un idealista, creía que la bondad inherente del hombre podía ser sacada a la luz del sol si se podía llevar allí. Muchos americanos creían que su nación estaba luchando no solo por la defensa de sus derechos, sino también por un nuevo futuro en el que la democracia y la deliberación estarían a la orden del día.

Sin embargo, Wilson no consideró varias cosas relacionadas con este sentimiento. En primer lugar, los profundos sentimientos históricos que recorrieron las naciones de Europa. Solo en Francia, por ejemplo, había millones de hombres y mujeres que todavía podían recordar cuando los elefantes del zoológico de París tuvieron que ser masacrados para alimentarse debido al asedio prusiano en 1870-1871. Clemenceau era uno de ellos. Cuarenta y tres años después, los alemanes volvieron y mataron a más de un millón de franceses. Así que los planes y súplicas de Wilson para un nuevo orden mundial basado en la discusión, la igualdad de derechos y el desarme cayeron en muchos oídos sordos, y eso fue solo en Francia.

Aun así, había muchos en todos los países que pensaban que la Sociedad de Naciones podría funcionar. La Primera Guerra Mundial había sido tan terrible que había que considerar casi todas las alternativas. Así que la Sociedad se formó el 10 de enero de 1920, y tuvo su primera reunión seis días después en París. En noviembre, su sede se trasladó a Ginebra, Suiza, donde se reunió a partir de entonces.

Cuando Woodrow Wilson se fue a casa, era un hombre cansado y con mala salud. Además, se vio que había cedido demasiado a Francia y al Reino Unido: altas reparaciones, la división de Medio Oriente, y las colonias alemanas en África, por nombrar algunas. "¿Para qué había ido Wilson a Europa exactamente?" es algo que muchos americanos, especialmente los republicanos, se preguntaron.

En sus mentes, estaba claro que los europeos estaban haciendo los mismos viejos trucos que antes, tomando todo lo que podían, y también era obvio para ellos que el americano medio no se beneficiaba realmente de la guerra, aunque sus ingresos y el nivel de vida sí mejoró . Las grandes corporaciones acumularon una enorme riqueza, las que fabricaban los tanques, suministraban el petróleo, y hacían las armas y otros suministros militares. Casi 120.000 estadounidenses murieron para que los europeos volvieran a sus viejos trucos y para (lo que podríamos llamar hoy) el "uno por ciento", y había abundante evidencia de que estos "peces gordos", para usar el lenguaje de la época, habían cobrado en exceso al gobierno y a los contribuyentes en grados increíbles.

En sus mentes, estaba claro que los europeos estaban haciendo los mismos viejos trucos que antes, consiguiendo todo lo que podían, y también era obvio para ellos que el americano medio no se beneficiaba realmente de la guerra, aunque sus ingresos y su nivel de vida sí aumentaban. Las grandes corporaciones acumularon enormes riquezas, las que fabricaron los tanques, suministraron el petróleo, y fabricaron las armas y otros suministros militares.

Cuando Wilson regresó de Europa en junio de 1919, salió en una gira de relaciones públicas para promover la Sociedad de las Naciones y animar a los votantes a presionar al Senado para ratificar el Tratado de Versalles. Ya con mala salud y cansado por sus esfuerzos europeos, Wilson sufrió un derrame cerebral en octubre, que prácticamente lo dejó de lado durante el resto de su presidencia. Desde entonces se ha debatido sobre quién estaba realmente a cargo en la Casa Blanca, ya sea el propio Wilson, su esposa Edith, el Coronel House (con quien Wilson había discutido), o un grupo de personas.

Para entonces, quién estaba a cargo realmente no importaba con respecto al voto del tratado. Henry Cabot Lodge, el líder republicano del Senado, odiaba a Wilson, y el sentimiento era mutuo. Wilson había empeorado aún más las cosas al no llevar a ningún republicano con él a París. Después de todo, el papel del Senado de asesorar y consentir tratados se detalla en el artículo II de la Constitución de los EE. UU., que Wilson ignoró por completo. Incluso cuando Lodge propuso algunos cambios que podrían obtener suficientes votos republicanos para aprobar el tratado, Wilson los rechazó rotundamente. Wilson puede que no quisiera volver a los británicos y franceses con nuevos apéndices para ser elaborados. Estaba cansado y enfermo, sin mencionar que era un hombre arrogante que quería seguir su camino.

En marzo de 1920, el Senado de los Estados Unidos no ratificó el Tratado de Versalles y se unió a la Sociedad de Naciones. La mayoría de la gente de pensamiento claro en el mundo supo en ese momento que la Sociedad de las Naciones estaba muerta.

Durante su vida, la Sociedad tuvo algunos logros. La mayoría de ellos fueron pequeños acuerdos económicos y políticos que solo tuvieron un efecto menor o muy localizado, aunque, en 1921, mediaba con éxito entre alemanes y polacos hostiles en la división de la Alta Silesia, cuya lucha había dado lugar a salvajes batallas entre paramilitares polacos y alemanes.

Por supuesto, la Sociedad es más recordada por sus fracasos, los tres más grandes de los cuales involucraron a las futuras Potencias del Eje de la Segunda Guerra Mundial. El primer desafío serio a la Sociedad fue la invasión de Japón a Manchuria en 1931. Estos "incidentes", como fueron llamados por los japoneses para restarles importancia, no fueron más que una agresión descarada por parte de elementos ultranacionalistas del ejército japonés, y fueron completamente ilegales en lo que respecta a la Sociedad. Pero ¿qué hizo la Sociedad de Naciones? Nada. Condenó las acciones de Japón dos años después del hecho, en febrero de 1933, tras lo cual Japón simple y dramáticamente se retiró de la Sociedad.

Las acciones de Japón y la falta de consecuencias de la Sociedad no pasaron desapercibidas para Hitler, que había llegado al poder en Alemania en enero de 1933. En una votación abrumadora, el pueblo alemán votó para dejar la Sociedad en noviembre de ese mismo año. Aunque parecería que, considerando la naturaleza del régimen de Hitler, cualquier votación estaría estrictamente controlada y manipulada, esta no lo estaba. La mayoría de los alemanes no querían estar en la Sociedad desde su inicio.

En 1935, Italia invadió Etiopía, entonces conocida como Abisinia, una de las dos únicas naciones independientes de África en ese momento (la otra era Liberia). Benito Mussolini, que para entonces llevaba catorce años en el poder, estaba actuando en su sueño nacionalista de resucitar un nuevo "Imperio romano" en África, ya que

Italia ya controlaba Libia y Somalia. El emperador etíope Haile Selassie fue personalmente a la Sociedad de las Naciones e hizo un llamamiento al mundo para ayudar a su país, que luchaba contra una potencia mundial del siglo XX con armas de los siglos XVIII y XIX, sin éxito. Italia, después de que sus acciones fueran condenadas por la Sociedad, también la abandonó. Mussolini había visto a Japón y Alemania desafiar a la Sociedad de Naciones y estaba seguro de que podía hacer lo mismo sin consecuencias reales, y tenía razón.

Se preguntará por qué la Sociedad no intervino en estos asuntos, especialmente en los casos de Japón e Italia, ya que se había producido una clara y no provocada agresión. Después de todo, esta era la misión principal de la Sociedad.

La respuesta, tristemente, es relativamente simple. Veamos una nación y su respuesta. En 1931, la Gran Depresión tenía dos años. Gran Bretaña se había desmilitarizado en gran medida después de la Primera Guerra Mundial, e incluso trece años después del final de esa guerra, el Reino Unido, y la mayor parte de Europa, estaba cansada de la guerra. El británico medio no quería luchar en una guerra que no les amenazara realmente. No había pasado tanto tiempo desde la Primera Guerra Mundial, y muchos aún recordaban vívidamente lo terrible que fue la guerra. Además de eso, está el hecho de que Gran Bretaña tenía importantes intereses comerciales en la zona, especialmente en Hong Kong, pero también en otros lugares, que serían vulnerables a los japoneses si decidieran interferir. Los británicos también tenían un imperio mundial que defender, y una parte considerable de ese imperio estaba esperando el momento en que los británicos se extendieran demasiado para rebelarse y tal vez ganar la independencia.

Se hicieron preguntas similares sobre la aventura etíope de Italia, y en 1936, Italia y Alemania fueron aliadas y mucho más fuertes de lo que habían sido en 1919 cuando comenzó la Sociedad. Otras naciones se hicieron preguntas de la misma índole.

Los americanos se hicieron el mismo tipo de preguntas: "¿Por qué habíamos ido a la guerra? ¿Por qué íbamos a luchar a miles de kilómetros de distancia en un lugar del que nunca hemos oído hablar?". Para 1931, el año en que Japón atacó Manchuria, la mayoría de los americanos creían que su entrada en la Primera Guerra Mundial había sido un error, y que no iban a enviar a más jóvenes a luchar en una guerra que no les preocupaba realmente (o eso creían) y que probablemente no cambiaría nada. Para ellos, parecía que la Primera Guerra Mundial no había cambiado nada.

Además, a finales de los años 20 y principios de los años 30, la mayoría de los americanos se dieron cuenta de que el Tratado de Versalles había hecho más daño que bien. Algunos incluso habían empezado a creer que Alemania había sido gravemente perjudicada. Muchos en la Marina de los EE. UU. sabían, y lo sabían desde hace algún tiempo, que una guerra con Japón en el Pacífico era probablemente inevitable, pero el pueblo estadounidense no lo sabía, muchos ni siquiera podían encontrar a Japón y sus puestos avanzados en las islas del Pacífico en un mapa. Aunque el sentimiento americano estaba claramente con China (por muchas razones históricas demasiado numerosas para mencionarlas aquí), virtualmente ningún americano iba a apoyar una guerra con Japón, especialmente con la Gran Depresión en casa.

Ilustración 16: En 1941, los sentimientos antieuropeos en los EE. UU. se habían convertido en el movimiento "América Primero", del que Theodor Geisel (más tarde conocido como el Dr. Seuss) fue crítico

Ilustración 17: Aquí, el Tío Sam está preocupado de que las potencias de Europa (Francia, Gran Bretaña, Italia y Yugoslavia-Serbia) están sembrando las semillas de futuras guerras

En 1933, un político resumió la situación causada por el Tratado de Versalles y las reparaciones que lo rodeaban.

No es prudente privar a un pueblo de los recursos económicos necesarios para su existencia sin tener en cuenta el hecho de que la población que depende de ellos está ligada al suelo y tendrá que alimentarse. La idea de que el exterminio económico de una nación de sesenta y cinco millones de personas sirva a otras naciones es absurda. Cualquier persona que se incline a seguir tal línea de pensamiento, bajo la ley de causa y efecto, pronto experimentará que el destino que estaba preparando para otra nación, le sobrepasará rápidamente. La idea misma de las reparaciones y la forma en que se aplicaron se convertirán en un ejemplo clásico en la historia de las naciones de la gravedad del daño que puede causar al bienestar internacional una acción precipitada y desconsiderada.

Ese político era Adolf Hitler.

Conclusión

Hoy en día, muchos historiadores consideran que la Segunda Guerra Mundial no es la "Segunda Guerra Mundial", sino una especie de "Primera Guerra Mundial 2.0": un conflicto de cuatro años seguido de una pausa de 21 años en la que los odios siguieron hirviendo a fuego lento y los feos prejuicios se volvieron genocidas bajo la ruina económica y la injusticia internacional percibida.

Woodrow Wilson murió en 1924 y no vivió para ver el fracaso de su gran sueño, la Sociedad de las Naciones. En su defensa, hay que decir que las Naciones Unidas, que cobraron vida al final de la Segunda Guerra Mundial, se construyeron sobre los cimientos del idealismo de Wilson, así como de sus errores.

Georges Clemenceau falleció en 1929, justo después de la caída del mercado de valores. En los años siguientes a la Conferencia de Paz de París, Clemenceau había llegado a creer que sus sucesores habían cometido un error al tratar con Alemania. No se habían coordinado con Gran Bretaña, lo que, a su vez, los alejó. Esto provocó que Gran Bretaña se interesara lentamente más en el ambiente político hostil de Francia que en la aplicación del tratado. Clemenceau también hizo una gira de conferencias muy popular en los Estados Unidos en la que elogió a la nación, pero condenó la decisión de América de no ratificar el Tratado de Versalles o unirse a la Sociedad de Naciones.

David Lloyd George llegó a creer que el Tratado de Versalles era un error. Había abogado por reparaciones más suaves que los franceses y había sido crítico con su traslado al Ruhr. Creía que una Alemania cuidadosamente vigilada podía ser un baluarte contra la propagación del comunismo en Europa, pero él mismo vio el ascenso del comunismo en la Alemania misma en la década de 1920. A principios del decenio de 1930, Lloyd George era uno de los que en Gran Bretaña había llegado a ver a Hitler no como un enemigo, sino como un patriota alemán que, al parecer en ese momento, hacía milagros en su país.

A lo largo de los años 20, elementos del Estado Mayor Alemán, el grupo a la cabeza del Ejército Alemán, se habían rearmado en secreto. Esto se hizo principalmente haciendo acuerdos clandestinos con la Unión Soviética. Cuando Hitler anunció el rearme alemán abierto en desafío al Tratado de Versalles, las ruedas ya habían estado en movimiento durante una década. Por un tiempo, Lloyd George y otros pensaron que esto era natural; después de todo, en sus mentes, el tratado había sido demasiado duro. El amigo íntimo de Lloyd George, Winston Churchill, diferiría en su opinión. Sin embargo, para 1937, Lloyd George había llegado a ver que Hitler estaba cada vez más empeñado en la agresión y estaba en desacuerdo con la política de "apaciguamiento" instituida por el Primer Ministro Neville Chamberlain. Lloyd George permaneció en el Parlamento hasta su muerte a finales de marzo de 1945, pero nunca llegó a tener un verdadero poder político después de perder el cargo de primer ministro en 1922 por cuestiones con Francia.

El Tratado de Versalles, con consecuencias tan horribles como las que resultó tener, fue un producto de su tiempo. Los hombres que trabajaron en él no lo armaron alegremente. De hecho, los líderes y diplomáticos de las mayores potencias del mundo trabajaron en él prácticamente sin parar durante seis meses. Como los antiguos griegos habrían dicho: "Estaban entre Escila y Caribdis", o como decimos nosotros: "Entre la espada y la pared". Es difícil imaginar que alguien, dado el tiempo y las circunstancias, podría haberlo hecho mucho mejor.

Vea más libros escritos por Captivating History

PRIMERA GUERRA MUNDIAL

UNA GUÍA FASCINANTE SOBRE LA PRIMERA GUERRA MUNDIAL Y CÓMO EL TRATADO DE VERSALLES DE 1919 INFLUYÓ EN EL SURGIMIENTO DE LA ALEMANIA NAZI

CAPTIVATING HISTORY

Fuentes

Blakemore, Erin. "La deuda de Alemania en la Primera Guerra Mundial fue tan aplastante que llevó 92 años pagarla". HISTORIA. Última vez modificado 27, 2019.
https://www.history.com/news/germany-world-war-i-debt-treaty-versailles.
Cramer, Kevin. "Un mundo de enemigos: Nuevas perspectivas sobre la cultura militar alemana y los orígenes de la Primera Guerra Mundial". *Central European History* 39, no. 2 (2006): 270-98. Accedido en marzo 8, 2020. www.jstor.org/stable/20457125.
MacMillan, Margaret. PARIS 1919: SEIS MESES QUE CAMBIARON AL MUNDO. New York: Random House, 2002.
Simms, Brendan. "Contra un "Mundo de Enemigos": El impacto de la Primera Guerra Mundial en el desarrollo de la ideología de Hitler". INTERNATIONAL AFFAIRS 90, no. 2 (March 2014), 317-33

www.ingramcontent.com/pod-product-compliance
Lightning Source LLC
LaVergne TN
LVHW041643060526
838200LV00040B/1686